笑顔の中に秘む 波動物語

はじめに

音響振動学において健康な人は、一つひとつの臓器の波動が相互に共鳴し合って、バランスが取れています。

それが何らかの原因でそのバランスを欠くとアンバランスすなわち不健康になると考えられます。

その昔。私はある音楽大学の研究室を覗いたとき、面白い光景に出会いました。

コップに水を入れて、よい音楽を聴かせ、その水を凍らせて、その結晶を顕微鏡で見ると、美しい結晶をしていました。

しかし、騒音を聴かせた水の結晶はグチャグチャです。このような現象は、音の波動の作用に基づくものだと思います。

本書は著者七名が一経営者としてご自身の体験談と波動を通じての未来像そしてこれからの人工知能との接し方などそれぞれの立場で書いておられます。

アメリカと日本の医療における技術とサービスの差異。パーソナルＡＩに重ねる私の人生理念。エステと美容を語る「健康で美しく楽しく」。「お客様ファースト」１００％

お客様の目線で捉える。武医同源（武から医を医から武をそれぞれに理解する）。波動の輪こそ我人生の羅針盤。愛の波動とその法則。などなど興味深いエピソード満載です。

そこには対人関係や仕事のプレッシャーといった「精神的ストレス」もあれば肉体疲労、睡眠不足、痛みなどの「身体的ストレス」もある。いわばストレス社会とどう付き合い、いかに生きていくかのヒントも隠れています。

それと同時に最近は遺伝子検査をすることによって将来どんな病気になるのかがわかるようになりました。そこで、宇宙工学と量子力学に基づき開発されたアプリと連動させて使用する究極のウェアラブルデバイスが登場しました。それに伴い私たちは中医学における未病と西洋医学が誇る予防医学にスポットをあててみて、その人の遺伝子情報に合わせてのオーダーメイド医療ができる時代も見えてきました。

しかしそうした波動分析測定器が現れたとしても「病は気から」、やはり原点は健康であることの自覚と定期健診から知る正確なデータそして心の持ち方ではないでしょうか。

西洋医学は科学、東洋医学は理論で治すという説が、近ごろ浸透してきました。まさに臨床的には双方の知恵を出し合い、よいところを用いてそれぞれの欠点を補っていけば結実した最新医療が望めるかと考えます。いわば東洋医学と西洋医学の融合に外ならないと確信しています。

医学博士
武井こうじ

目次

看護師の視点から見た医療と健康の推移

パーソナルヘルスアドバイザー
原　亜由美

私のルート。故郷から看護の世界への旅立ち

長崎の小さな小さな田舎町に生まれ、平々凡々のごくありふれた少女時代を過ごしてきた。生まれてから高校卒業まで、その小さな田舎町で過ごし、将来の夢は、大きなものはなく、地元の進学校と言われる高校へ通った。世間の流れに沿って大学は行っていた方がいいかなと、大きな目的もなく、文系より理系が好きだったので、安易に理系の大学を受験した。それが影響したのか、結果として見事、大学受験には失敗。

時代はバブル崩壊、就職難の時代である。

ただ、恵まれていたことに、私は幼い頃から祖父母、両親、叔母、妹弟の大家族で生活しており、年配の方への対応に慣れており、また妹、弟などとも一緒に遊んでいたので、中学生時代から恩師にも「看護師は向いているかも。」と勧めてもらっていた。私自身、ちょっとしたお世話をすることを苦にしていなかった。時代は就職難であり、これからの時代女性は手に職をつけておいた方がいいかもしれないと、同じ九州の熊本大学医療技術短期大学部を受験し合格、熊本での一人暮らしのスタートとなる。

学生時代は、初めての一人暮らしで、田舎で育った私としては、都会の熊本市での生活ということもあって、不安があったものの、楽しいものであった。3年間の学生生活の中

で、病院実習もあり、さまざまな方との出会いもあり、人のお役に立つことの楽しさも感じていた。国家試験に合格し、いざ就職となったとき、その選択肢はいくつかあったものの、体力のことを考えて、若い時にしか急性期医療に携わることができないのではないか、また、看護学生の研修の中でも急性期の現場での実習がなかったということもあって、熊本県内で、急性期医療に力を入れている病院を選択し、就職することにした。

無事、就職試験に合格。希望部署に関する質問があり、看護実習の際に経験したことのない部署を選択した。

①循環器（集中治療室も可）

②整形外科

である。

今でこそわかるが、全く性質の異なる部署である。その当時は、漠然としたことしか知らず、ただ私が経験したことがないということだけで、希望選択した部署であった。

そして、見事第一希望の心臓血管センター、しかも集中治療室ICU・CCUへの配属となった。なぜなら、循環器は看護師にとってあまり好まれない部署であり、それは後ほど知ったことだ。

それからの6年半、私はこの集中治療室で勤務し、その後個人病院へと勤務先を変えることになるが、今振り返ってみると、この看護師として過ごした時間の中での出会い、経験がその後の人生を大きく変えた。

人の死を考える

心臓血管センターは、主に急性心筋梗塞や狭心症、心不全、弁膜症、解離性大動脈瘤やそれらの手術後を担当する部署である。多くの著名人もこれらの病気で亡くなった報道をよく耳にするし、テレビの医療番組でもこれらの病気のことを扱う番組も多いが、突然命を落とすこともある危険な病気である。

そして、日本人の死亡原因のＴＯＰ３にも長年含まれる病気でもある。これらの病気の要因となるものに、高血圧、脂質異常症、糖尿病といった生活習慣病が影響していることが多い。

この循環器の治療に関わるということは、治療が功を奏し、元気に過ごされる姿も多く看る一方、残念ながら命を落とす場面にも数多く出会った。

昨日まで元気だったのに、突然亡くなる生命もあれば、長い長い闘病の末、亡くなる生命もあり、十人十色さまざまであるが、人は、この世に命をいただき「誕生」して、「死」というゴールに向かって歩んでいるということを感じた時間であった。

「死」は誰もが避けては通れない道なのである。だからこそ、自分がどういう最期を迎えたいか考えさせられることもあった。現在医療は、技術も発達し、さまざまな医療機器も開発され、薬や放射線などでの治療も発達しているので、どんどん生命を延ばすことはできているが、考えたいのは、その内容である。いくら生命を延ばすことができたとしても、寝たきりのまま医療機器に繋がれ、何年もベッドの上で過ごしたくないのである。実際、そのような方を看ることも多くあった。

私の幼少期に一緒に暮らした祖父母は、私が看護師として仕事を始めた後、他界している。祖母は悪性リンパ腫で3年間入退院を繰り返していたが、入院中は祖父や祖母の子どもや多くの孫が、毎日昼、夜と見舞いに行き、介護していた。

最期は全身の痛みが激しくなり、回復は見込めない状態だったため、延命処置は希望せず、せめて痛みだけは取ってあげたいと家族で希望し、強めの鎮痛剤を使ってもらった。多くの家族に囲まれ、安らかに、にこやかに、そして「自分は幸せ者だった。」と告げ、この世を去った。

私自身も病院で長期に闘病している方を看ていて、祖母を取り巻く環境を顧みると、あれほど小まめに見舞いに行く家族もいないし、きれいで、安らかな最期だったと感じたし、そして家族もまた、３年間寄り添い、そばで介護していたので、亡くなった淋しさはもちろんあるが、介護を遣り切った感じもあり、こちらもまた穏やかなものであった。

現在、日本人は長寿と言われ、男性の平均寿命が80・98歳、女性が87・14歳（２０１６年データー、厚生労働省発表）であるが、健康で過ごせる寿命（日常生活に制限のない期間）は男性72・14歳、女性74・79歳と、約10年の介護が必要な期間が発生しているのである。10年という時間は介護する方も、介護される方もすごく長い時間なのではないかと思う。精神的にも経済的にも負担は大きく、また自宅介護を推奨され、高齢者を高齢者が看る老老介護が行われている今では、身体的負担も大きくなるからこそ、健康で長生きするためのことを考えていきたいと思う。人はいつか終わりがくるもの、だからこそ、どういう最期でありたいのか考え、今、元気な時に対策をとっていきたいと思う。最期は祖母のように「幸せ者だった。」と告げて逝きたい。

人はそのそばに「死」があり、そして、そのほとんどが病気によって引き起こされるので、病気に携わる病院はこれからも人に大きく関わる場所であり、そこで働く、医師やコメディカル（医療従事者）スタッフは、これからも重要な役割を担うと思う。

医療はサービス業であると思うが、医療サービスを提供する側と受ける側（患者）が同じ土俵の上に上がるのではなく、医療サービスを受ける側（患者）が病気を抱えて、精神的にも身体的にも弱い立場におかれ、専門的知識と技術を持った医療サービス側が強い立場になりやすい環境である。特に日本においては、そのパワーバランスが顕著ではないかと感じている。

私が看護師として仕事をしていたその当時も、そのようなパワーバランスであり、勤務して数年後から、「患者サービス」「患者満足度」が声高にさけばれるようになった。

看護師は、白衣の天使？

実際は、そんなものではなかった。救急医療の現場だったからよりそうだったのかもしれないが、緊張感を持って仕事をしていた。心電図モニター、人工呼吸器、点滴ポンプ、シリンジポンプなどの数々の医療機器に囲まれ、ちょっとした患者の変化や医療従事者のミスが、患者の生命を脅かす可能性もあるので、ピリピリもしていた。後輩への指導も厳しかったと思う。決して白衣の天使とは言えなかった。

勤務先は急性期病院で、救急患者の受け入れを断らない医療を掲げていたので、緊急入院、緊急カテーテル検査、緊急オペなどバタバタと動いていることが多く、忙しく心の余裕もなかったし、また看護スタッフが若いメンバーが多く、経験も少なかったことも拍車をかけた。

　看護師という職業を選んだ以上、人の役に立ちたいという気持ちはあった。しかし、緊急入院、緊急手術、緊急カテーテル検査、そして変化の激しい急性期という特殊性の中で患者の容態の変化が刻々と続く環境であった。そしてスタッフは規定人数で業務を行い、しかも経験年数の浅い、若手のスタッフが多かったので、心の余裕を持って看護に当たることができていなかったように思う。加えて、その当時、規定の仕事時間外の仕事も多く、また、新人の頃は、より専門的な知識を学ぶことや、より質のよい看護を提供するために、時間外での勉強会の参加や研修などにも多くの時間を費やした。体調を崩して、業務に支障をきたすことは許されず、ストレスも多大であった。看護師としての経験年数を重ねるにつれ、責任も大きくなり、また新人以上に休日にも仕事をしている先輩看護師の姿を見て、多少の疑問を抱いた。看護師という仕事を続けることができるのだろうかと。

　私自身も看護師経験を重ね、同期の看護師で結婚・出産を経験するものも増えた。そのような経験をした同僚が、産休・育休後復職したが、急性期の職場では続けられないと、外来部門を希望する人、病棟勤務を希望する人、辞職せざるを得なかった人も多かった。

その多くの問題は「時間」と「ストレス」ではなかっただろうか。先ほどにも述べたような職場環境の中、スタッフ人数は規定ギリギリであり、休むことも簡単に許される職場環境ではなかった。出産後、小さな子供を保育園に預けて復職できたとしても、乳児・幼児であり、保育園で発熱したり、流行性の感染症をもらったり、怪我をしたりとさまざまあるのは当然で、その度に母親である同僚に連絡が入るのだが、だからと言って、業務を抜け出して、我が子の世話をすることはできなかった。

母は看護師なのに、である。

医療の現場を離れて考えると異様に思うが、その当時現場で働いている頃は、当たり前だった。スタッフが何かしらの理由で休むとなった場合にも補充はなく、欠員の状態で仕事をすることになるが、通常でも業務量が多い上、欠員となるとそれを補うためにさらに多忙になることが多いのである。それはスタッフ同士お互いわかっているので、休みを取りたい側も、残りのスタッフもお互い相手をケアする心の状態ではなかったように思う。そして、患者満足度の向上という観点から見たとき、我が子が助けを求め、しかもケアの方法を他の誰よりも知っている看護師である母親が、我が子のケアをできず、目の前の患者さんに対して心からのケアができるのかと考えると、決してよりいい看護を提供する状況ではないように思う。

そして、そのような環境の中では、経験を積んだ看護師は、その現場を離れていき、若い看護師がそれを補う構造になっていた。それはサービスの低下にも繋がりやすく、残った経験豊富な看護師は、さらに責任増大というストレスを抱え、それぞれがそれぞれの立場で多くのストレスを抱えている状況だった。

誰しも心の余裕がない状態では、いい仕事はできないのではないか?

看護師も人であり、感情がある。天使ではない。

看護の現場を離れて約13年経つが、少しずつ看護師を取り巻く環境は変わりつつあることは感じている。

一般的に仕事を行う上で、ミスが起こることは考えられることだが、一般社会での仕事のミスは、謝罪することで許される場合もあると思う。医療、特に急性期医療においては、ちょっとしたミスが患者の生命を脅かすことにつながるケースもあり、ミスは許されない環境である。

肉体的ストレスだけでなく、精神的ストレスが非常に大きい職場環境である。

患者満足度の向上、患者サービスは、医療技術の向上が必要である。と同時に、患者が入院期間中最もそばにいる看護師が、心からの笑顔で対応できる環境を作っていくことも必要だと感じる。そのためには、専門的知識と技術の向上とともに、働くもの同士がお互い気持ちよく、フォローしあえる職場環境を作ることが必要だ。

看護師も人、心の余裕を持ってケアできるからこそ、よりよい患者サービスができるのではないか?

医療はチームで行う。医師、看護師、薬剤師、臨床検査技師、放射線技師、臨床工学技士、理学療法士、作業療法士、言語療法士、管理栄養士、栄養士、医療事務などのたくさんの専門職のスタッフとその専門職を支えるスタッフとチームで医療サービスを提供している。

私が看護師として仕事を始めた当時はチーム医療というより、医師を中心に医療が提供されている状態であった。看護師の私は、医師とのコミュニケーションは多いものの、他の職種との間で、コミュニケーションが少なく、それぞれの役割を漠然としか理解していなかった。看護師の労働環境は先ほど記したが、医師の労働環境も決して好ましい状況ではなかったように思う。

私が所属していた心臓血管センター集中治療室は、心臓手術直後の患者をケアする場所でもある。そもそも、心臓の手術は状態の悪い心機能を、手術によって機能アップさせるために行うが、その手術の特性上、全身麻酔を行い、心臓、呼吸を手術中一旦停止させ、体外循環ポンプを用いて手術をすることが多いので、手術直後は、手術前の状態よりもさらに機能が低下した状態で集中治療室にてケアがスタートすることとなる。それ故に、全身の状態に細心の注意を払うことが重要である。

医師の指示のもとケアに当たるが、患者のそばに24時間いるのは看護師であるので、手術後最も変化が激しく、危険な合併症が発生しやすい時間帯に、合併症を起こさせることなく、また起きたとしても重症化させることなく、スムーズに回復へ導くためには、看護師の患者の状態の変化をいち早くキャッチする観察力と、それが示す意味を考える力が求められていた。緊急手術なども多かった当時の病院では、常に医師がそばにいるとは限らないので、患者の状態を電話で報告することも多かった。患者に何らかの変化が起こった場合、医師と同じ目線で患者の状態を観察し、危険性を察知できれば、電話で状態を報告したとしても、すぐに医師が治療方針を決めることができ、スムーズな回復に繋がるので、医師とは治療方針や患者の観察項目などカンファレンスを行いながら、信頼関係を構築していった。

その当時、看護師の場合は夜勤勤務後、翌朝帰宅し、休むことができたが、心臓血管外科の医師は、当直勤務後も翌朝も通常勤務であることが多かった。看護師の私としては、医師に夜間休憩が取れるのであれば、取ってもらうことも、翌朝の医師と医師からの医療サービスを受ける患者のことを考えると必要と感じていた。それと同時に、当直勤務中に受け持っている患者に何か問題があれば、医師の責任を問われることにもなるので、看護師と医師の信頼関係を作り、患者の安全とスムーズな回復に向けて医療サービスを提供するという最低条件をクリアすることが必要でもあった。それがチーム医療に繋がることになるとも考えていたし、それは個々の技量のアップにも繋がったと感じた。

看護師も人間であり、医師もまた人間である。ミスを起こす事が許されない環境であるが、サービスを提供するのが「人」である以上、ミスが起こる可能性もあると思う。だからこそ、医療従事者それぞれが、その専門職としての力量を発揮するとともに、チームとして情報を共有し、チームでフォローを行い、全体で治療に当たる必要がある。それが、最も患者にとって有益なことであると思う。

私が病院で仕事を始めた当初は病棟や集中治療室内で、看護師や医師以外の専門職が役割を持って業務に当たることはあまり見受けられなかったが、勤務して数年後から、臨床工学技士の集中治療室内での勤務が始まり、現在では、薬剤師が病棟で患者に服薬指導をしたり、薬剤の準備をしたり、栄養士が直接患者さんに栄養指導をしたりと、専門職がより患者に近いところで仕事を行うことが増えてきているように思う。それは結果として、各種専門職が、患者情報をより把握し、専門職としてより質の高い医療を提供することができ、患者側のメリットも大きくなったと思う。一方、看護師側としては、今まで行ってきた看護師業務が、他職種に業務分担され、軽減されてきた。しかし、他の専門医療職の介入で、業務量は減るが、その分野に関して患者に対して全く介入しないということではない。患者が入院中最も接する時間が長いのは看護師であることは変わらないので、何が行われているのか情報を把握し、その後の状態を観察し、フィードバックを行うなど、専門職の間での情報を共有していくことで、質の高い医療が提供されるものと感じている。

医療機器メーカーへの転職。外野席から医療現場への検索と展望

看護師として、約10年の病院勤務の後に、ご縁をいただき、医療機器販売に携わる事になった。看護師から一般企業への転職である。その頃の私は、病院という環境が特殊な環境であることは気づいていたが、私自身が一般企業で役立つのか心配だった。また慣れない東京での生活も不安が大きかった。

「やってみて、ダメだったら看護師に戻ればいいのでは?」

この知人の言葉に背中を押され、医療機器メーカーでの一般職としての勤務をスタートすることになる。大きな挑戦である。

新たな環境に身を置くことで、今まで経験し得なかったことも経験することができた。医療というものを病院の外側から見ることもできるようになった。

それまでは、学会などにも参加してはいたが、勤務している病院のことのみしか知らなかった。医療機器メーカーでの勤務においては、全国の病院や医師との関係があるので、日本の市場や世界の流れ、最先端の医療などに触れることができ、医療分野において、広い視野を持つことができるようになった。

また、病院の収入源となる手術や検査などの価格は、一律に国が定める診療報酬点数で決められていること、医療材料も特定保健医療材料として、価格が決まっていること、薬剤も薬価として決まっていることなど病院の経営サイドのことも初めて知ることができた。そして、2年ごとに国会で見直しされていることや、健康保険の仕組みや、国の予算でもある医療費との関係も恥ずかしながら初めて知ったのである。医療はサービス業であると思いつつ、それに必要な病院の収入元の情報を知らず、病院経営に関する情報も含め、より深く医療を知る機会となった。

私は、これまでの経験を活かして、循環器分野での医療機器販売に携わることが多く、中でも不整脈を治療する診療材料や診断機器に関係していた。不整脈の治療には、ペースメーカーやICDと言われる医療機器や、カテーテルと言う細い管を直接心臓まで運び不整脈の発生源を直接治療するアブレーションと言うものがある。看護師として仕事をしていた頃は、直接この治療に従事することはなく、治療後のケアに従事していた。ゆえに治療の具体的方法、手段などの情報は看護する上では然程必要なく、治療の結果を元に看護に当たっていた。

しかし、医療機器メーカー勤務においては、この治療の具体的な内容や方法、手段が必要な情報になってくる。どのような手段で治療がなされ、何が治療に必要なのか、より安全で効果的に治療ができる方法はどのようなものかを知り、提供することが必要であるので、より詳細な見方を必要とした。

不整脈は多くの看護師が苦手とする分野でもあった。患者の胸に装着される心電図モニターと呼ばれる医療機器は、病院でどの分野でも最も多く使用されるものであるが、それを示す波形の意味（正常・異常の判断、不整脈）を解読することは看護師にとっては難しいとされ、数多くの書籍が販売され、また出版社が主催するセミナーも数多く実施されている。私自身は、看護師の経験の中で、循環器分野に長く関わっていたので、不整脈に関する知識も得て、重症な不整脈かどうか、またその対応についても看護業務内で学ぶ機会も多かったのもあり、苦手意識は全くなかった。

ただし、不整脈に関する治療については、電気生理学検査という特殊な検査が必要だが、これは看護師がよく使う本にも数行しか説明がなく、接することも少なく、難しい分野だと思っていた。しかし、これを用いた治療は、心臓カテーテル室で、長いもので2-3時間に及ぶものもあり、その間看護師も補佐として業務を行っているのである。私自身は、企業側に立ったからこそ、この分野に関しても知識を得ることができたが、現場の看護師はどうすれば知識を得ることができるのだろうと疑問を持っていたときに、病院側からスタッフ教育の一環として、勉強会を実施して欲しいという要望を数施設からいただき、実施するようになった。これまでにも企業側から勉強会を提案することもあったようだが、私は看護師の経験もあったので、看護師に必要な知識を踏まえて勉強会を実施するように心がけた。不整脈検査の治療中は、手技をする医師は、毎秒変化するモニターとカテーテルを映し出す画像に注視しており、真剣勝負の場であるがゆえに、看護師としては医師にも声をかけにくく、また患者のケアを行うにも、どのタイミングで介入することがベストなのかを知ることが難しかったようで、勉強会は現場のニーズに応えることができたように思う。

また、医療機器の開発なども手がけている会社であったので、病院で勤務中に使用していたモニターや医療機器に関して、開発者と直接話をすることもできたが、高機能のものが多く、それゆえに使用方法が判らず、使用されていなかったり、また実際使用する看護師が、機器の操作に疎いことと、大病院になると、使用する頻度の高い機能しか実際の現場看護師には伝わっていないこともあるとわかった。患者の安全を守り、医療事故を防ぐためには、院内だけでなく、企業側との連携も含めた体制がよりよい医療サービスを提供できるのではないかと感じ対応していた。

また、新規医療機器に関して海外からの導入などにも少し関わったので、海外市場と比べて日本市場の遅れも知った。海外で開発され、使用されているものは、日本には直ぐには導入できず、厚生労働省の審査を受け、その後導入となるが、この審査は厳しく、それゆえに海外よりも数年もしくは十年近く遅れて新規導入されていることを知った。また医療機器は進歩が早く、私が関わった医療機器はアメリカで開発されたものであるが、申請を行い、許可を得て日本に導入された時点では、すでに中国では最新バージョンが導入されており、日本はそれよりバージョンが古いものがようやく導入されるということで、国際的に医療診断装置の格差があることに驚いた。

アメリカと日本の医療技術とサービスの差異について

3年ほど医療機器メーカーで勤務する中で、アメリカ人の知人から、

「あなたにピッタリの仕事がある。」

と紹介を受けたのが、医療コンサルトを主体とする会社であった。このコンサルト会社においても、さらに循環器医療に関する視野が広がったのである。

当時その会社は、日本の循環器医療サービスにおいて、アメリカの病院をモデルとして、医療の質と患者サービスを向上することをコンセプトに立ち上がったベンチャー企業であった。循環器医療にずっと携わった私としては、日本においても十分な循環器医療は提供されているし、患者サービスも多くの病院が力を入れていると思っていたので、当初はこのビジネスに興味を抱かなかったものの、専門職であるコメディカルがもっと活躍できる場を提供できるかもしれないということには興味を持った。

私が看護師として勤務をしていた頃は、医師と信頼関係を構築して、信頼を得ていることも実感し業務に当たることができていたが、企業人となり、多くの病院を訪問する中で、専門知識を持つコメディカルがもっと積極的に主体的に医療に携わることもできるのでは

ないかと感じることが多々あった。

そしてもう一点興味を持ったことがある。看護師として集中治療室で勤務していた頃は、救急医療に携わる者として、患者の命を救うことに大きなプライドを持って仕事をしていたが、アメリカで循環器医療サービスを提供する医師から言われた言葉に大きな衝撃を受けた。それは、発症したら命を奪うかもしれない危険性の高い急性心筋梗塞などの病気は、高血圧、糖尿病、脂質異常症、喫煙歴、家族歴、高齢などリスクファクターが関与していることはわかっているのに、これらの因子を持つ患者に対し、なぜ早期に、明らかな自覚症状が出る前にもっと詳しい検査をしないのか?と言われたことである。

大きな衝撃であった。

急性心筋梗塞後は、命を奪う危険を伴う重症な病気である。治療が上手くいき、生命を救うことができたとしても、その後3‐4週間の入院とリハビリが必要になってくるのである。仮に心筋梗塞を起こす前の狭心症の段階で、治療対象であることが発見できれば、数日間の入院と生命を奪われるかもしれないリスクも軽減されるのである。無論、国内でもそのような検査・治療は行われていたが、その当時は、明らかな自覚症状がある患者に対してだけ検査・治療が行われていた。

高血圧・糖尿病・脂質異常症は生活習慣病と言われ、これらの多くの病気は今後症状が現れるであろう人数（予備軍）も含めて、国民5人中1人が罹患していると言われている。そして、それは心臓および脳血管疾患を引き起こすリスクが高いことを意味するのである。

私が訪問したアメリカの病院では、これらリスクを持っている患者に対して、積極的な心疾患に対する検査が行われていた。日本においても検診で心電図などを検査するが、あくまでも安静時の心電図検査である。心臓エコー検査も患者の負担が少なく検査可能であるが、これも安静時の検査である。しかも、心臓エコーでは、心臓に酸素と栄養を補給する冠状動脈の状態を見ることはできない。

アメリカにおいては、負荷心電図が積極的に行われていた。これは、運動を行いながら心電図に変化がないかどうか調べるもので、運動をすることで、心臓は多くの血液を全身に運ぶために、より多くの拍動（仕事）が必要となり、それに伴い心臓自体に酸素と栄養を運ぶ量（血液量）も増やす必要があるが、その通り道となる血管（冠状動脈）が狭くなっていれば、十分な血液量を増やすことができず、心臓は酸素不足となり、心電図変化や自覚症状が現れることとなる。同様に心エコーを用いて、運動前後に心エコー検査を行い、心臓の全体の収縮・拡張の変化などを確認するものもある。これらの検査で異常があった場合は、入院後、実際に心臓までカテーテルを挿入し、造影剤を用いて、冠状動脈の状態をチェックし、実際狭い部分がないかどうか確認し、必要な場合は狭くなった血管を拡げる治療を行うという流れがあった。心筋梗塞を発症すると、心臓にダメージを与え、命を脅かす危険もあるが、この場合、発症する前に治療を行う事ができるので、そのリスクも少なく、入院期間も短期で行われ、患者にとってもまた病院スタッフにとっても、多くのメリットがあると感じた。私自身、病院（勤務）と医療機器メーカー勤務の中で、生活習慣病を抱えている人が多いこと、そしてそれが血管疾患のリスクファクターであることも知っておきながら、急性期の前段階でもっと患者負担の少ない治療ができるかもしれないというところまでは考えが及ばなかった。またいくつかの国内の学会にも参加したが、そのようなことに力点が置かれている風潮を感じる事がなかった。

そして、もう一つ驚いた事が、アメリカのその病院で勤務するスタッフが笑顔で仕事しており、スタッフ自身その病院で勤務することを誇りに思い、自慢していたことであった。受付のスタッフも掃除のスタッフもである。

このアメリカの病院は心臓や血管治療に特化した病院である。カテーテル検査室は全部で6つ、手術室は3つ、入院ベッド112床の病院であり、全米でも患者満足度トップ1％の一つにランクされ、心不全・肺炎・一般外科・急性心筋梗塞において、質の高い医療を提供しているとして、全米の第三者機関で評価を受けている病院である。症例数も多く、カテーテル検査および治療は毎日40件前後、開心手術は年間800件を超える症例数を誇っている。医療保険制度の違いもあるが、日本と比べ入院期間は極端に短く、毎日約1／3から1／2の入院患者が入れ替わる。想像しただけでは非常に忙しい病院であるが、実際訪問してみると、そのイメージは全く覆され、ゆったりとした穏やかな雰囲気が漂っている。どのスタッフも患者に対して笑顔で接し、余裕を感じた。そこには日本の病院とは明らかに違うものが多々あった。日本国内でも多くの病院を訪問したが、このアメリカの病院は私の言葉の問題がクリアできれば、看護師として仕事をしたい、挑戦したい病院であった。

その後約5年に渡って、提携先の日本の病院のスタッフとともに何度も訪問したが、訪問する毎に、新たな発見があり、また病院も次々に新しい試みにチャレンジしており、それは医療技術だけに止まらないものであった。

まず、この病院の設立に当たり、患者満足度と、スタッフ満足度の高い病院の設立を目指して建てられた病院である事が大きいと思う。そのためのハード面やソフト面が整えられているのである。いくつか例をあげると、病室は全室ユニバーサルタイプの個室であり、家族も付き添いが可能である。個室はトイレ・シャワー付きで、ケアで必要な物品も個室の鍵付きの場所に保管されている。日本のように個室差額ベッドの追加費用は存在しない。7つの個室（全て窓側）に対して、1つの看護師ブースが設置されており、看護師側からは常に数歩の距離に病室がある状態であり、患者側に立てば、ドア一枚を隔てれば、すぐに看護師がいる距離である。そこに看護師2名と看護助手1名が配置されていた。カテーテル室は全部で6つあるが、それぞれ直接廊下から入れるように設置され、スタッフは共通操作室を通じて、各部屋と行き来がしやすい構造であった。また、カテーテル室と手術室は隣接されており、仮にカテーテル検査で問題があった場合にもすぐにオペ室で処置ができるように配置されていた。

検査は、持ち運び可能な検査（レントゲン・エコーなど）は、病室で行われ、移動しなければならない検査（CTやカテーテル検査）などは、検査室のスタッフが患者を搬送していた。病棟担当の看護師は常に2名は病室の近くにいる状態であった。

そして、重症な循環器疾患を持つ患者は多くの医療機器を使用する場合もあるが、その場合は患者1名に対し、1名の看護師がケアできるように、通常2名の病棟勤務の看護師とは別に1名追加補充される仕組みであった。また勤務時間は完全2交代の12時間勤務であったが、日中と夜間は同じ人数配置であり、仮に業務が残った場合も、引き継ぐ事が可能で、時間外まで残ることは少ない。また、週3日勤務すると計36時間勤務となるが、これで常勤扱いであり、週4日は休みとなる。1ヶ月勤務内でも、調整して1週間休むことも容易に可能であった。看護師は勤務体制が日本に比べ優遇されていると思うが、業務内でも役割分担が明確にされており、しっかりと教育が行われた状態で、看護助手が患者に体温計を渡して測定したり、血圧を測定したり、心電図計測を行ったり、尿量も計測したりと、計測業務のその多くは看護助手の役割であった。看護師に求められるのは、その結果をどのように判断するかであり、正常・異常の判断、報告の必要の有無の判断は専門知識を持った看護師が行う事が明確であった。それゆえ、そこで勤務する看護師のレベルは高く、薬剤に関しても、詳しい薬理作用なども知った上で、患者に何が投与されているのか、その副作用がどのようなものかも新卒の看護師でも知っていた。そして、看護師の業務自体には余裕が生まれており、患者のそばで話す時間も多く、ゆったりとした雰囲気を持って業務を行っていた。患者に対して、手厚い看護体制であったが、これを可能にするには、何よりも患者満足度を上げていくためには、質の高い医療を提供するだけでなく、スタッフ満足度が高いことも必要であり、そのための経営面で効果的、効率的な経営判断が行われていることが必要であった。

看護学生の頃、先生から「手当てとは、傷の処置ではなく、患者さんにそっと手を当てる事なのよ。」と教えていただいたことを思い出した。寄り添い、手を添えるだけでも、痛みが緩和することは、自分が子どもの頃、手を当ててくれた母の温もりで安心して痛みが消えたことで経験している。高度な医療技術を提供することも必要だが、看護師としては、患者の心に寄り添えるように、看護師側の心の状態がよいことも求められてくることを改めて実感したときでもあった。

日本人に多いとされる生活習慣病。この病を発症しないような日常生活を送る事が、心筋梗塞などの血管疾患を予防できる方法でもあるが、看護師の私は、この方法を知らなかったことをその後知ることとなる。病院においても、規則正しい生活をしましょう、食事は塩分を控えましょう、バランスの取れた食事をしましょう、飲み過ぎに注意しましょうなど、生活習慣に対して指導を行っていたが、その内容な表面的なもので、具体的なものではなかった。そして、病院は病気を治すことに主眼がおかれているので、健康的な生活を送るために具体的に何をしたらいいのか私自身もわかっていなかったのである。実際、看護師は不規則な生活であったし、喫煙率も高く、勤務中はトイレに行く時間もないこともあったので、水分をほとんど取らず、膀胱炎になる人もいた。食事も簡単にすませる事ができるものを選択し、インスタント食品もよく食していた。夜勤中に、甘いものを食することも多く、私は、勤務中に低血糖症状を引き起こしたこともあったが、自分の生活習慣を見直すことはなかった。体調が悪くなると、薬を処方してもらい、対処してきたが、根本的な解決はできていなかったことに気づいた。生活習慣を整えるために、何が必要か改めて学び、それを取り入れながら生活をすることで、より快適に毎日を過ごす事ができるようになったと思う。若い時は何もしないで対応できたことも、年齢を重ねる毎に対応できなくなってくるので、より健康を維持するためのケアを自分自身に対して行うことで、現在の健康状態を保持する事ができることを知り、より知識を深めていく事が必要であると感じている。

未病と予防医学のスタートラインは西洋医学と中医学の融合から生まれる波動メッセージが伝える

看護師として人間の身体に携わってきたが、今、多くの病気の要因となっているものが、「ストレス」や「酸化」と言われるものである。現代社会において、ストレスと酸化は避けては通れぬものになっているのではないかと思う。まだ多くの謎を秘めている人間の身体であるが、研究の発展、コンピューターの進化とともに、遺伝子についても徐々に明らかになり、遺伝子診断なども身近なものになりつつある。現代の健康問題の一つにもあげられてる肥満も、遺伝子が少なからず関与しており、個人もそれぞれ、肥満になりやすい要因が違ってきていることがわかっている。

また、病気においてもこれまでの西洋医学の中では、臓器単体に焦点が当てられていたが、今では臓器がお互いにそれぞれメッセージをやり取りしていることも解明されつつある。各臓器が、連携プレーを行うことで、お互いを補完し、健康な身体を保つとともに、補完機能が崩れてしまうと、1つの臓器が影響を受けるだけでなく、さまざまな臓器にも影響を及ぼす事が解明されつつある。

一方、中国では、3000年も前から、自然界とヒトを一つのものとして捉え、そのバランスの変化によって、心身の不調や病気が発生すると考えられている。陰陽五行や、気血水のバランスをみて、健康状態を維持するという考えがあり、自然界も含めたトータル的なバランスを見て、個人それぞれの自然治癒力を高めることが可能とされる。

人間の身体は多くのパワーを秘めている。それゆえ、自然と代償機能も働く。少し不調な事が起こったとしても、細胞が持っているパワーで補われ、人の認知として不調を感じることは少なく、「まだ大丈夫。」と思ってしまう。

ただ、実際問題、多くの細胞が20歳前後をピークとし、それ以降は減少、老化の道を辿るのである。「まだ大丈夫。」と認識している私の身体も、細胞自体は悲鳴を上げている可能性がある。悲鳴が続くとなれば、臓器の機能障害にも発展する可能性があるのではないか。いかに早期に気づくのかは、その後の健康問題を考える上でも重要なものだと思う。個々で認識できるのは、おそらく、臓器の機能障害、血流の異変すなわち病気が起こった時点であるので、その前段階で気づかされることは、病気予防、未病に繋がり、個々にとって最適な健康を維持する事ができるものと考える。

昨今では、コンピューターの進化、ＡＩの活用などで、これまで目に見えない世界とされてきたものが、可視化されつつある。量子力学（波動）の世界である。量子力学の詳細については専門家の方に委ねるとするが、人の細胞もそれぞれがメッセージを出しているように、人それぞれが固有の波動を持っているのである。その波動を冷静に察知して受け止め読み解く事ができたならば自ずと、個々の最適な健康維持に大いに役立つものと考える。

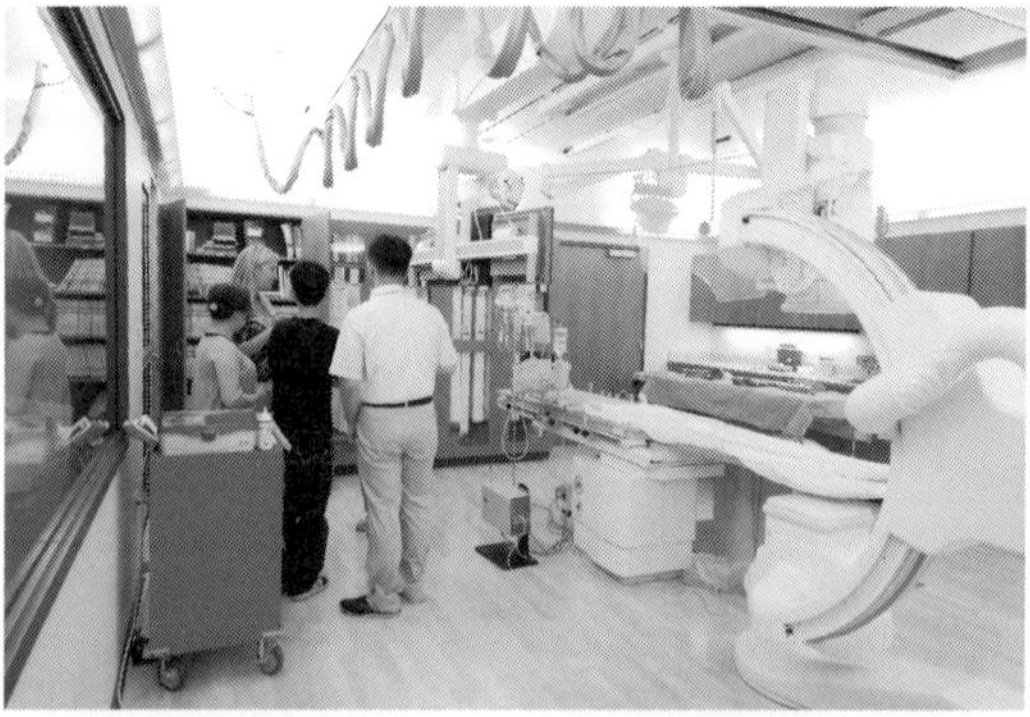

健康で美しく楽しく♥

美ボディメイクインストラクター、ウォーキングスタイリスト
櫻井　直子

今時代は、健康をベースにしたアートと美容に、重きを置いています。

私は28年間、美ボディメイクインストラクターとして健康と美に貢献してきました。エアロビクスにアクアビクス、ヨガやストレッチ、各種エクササイズを通じて、各分野の方と接してきました。また、それに並行してハイヒールでのウォーキング&美仕草レッスンで姿勢や歩き方の大切さを教授し、スタイリングアドバイザーとしてお洒落をすることの喜びについてのお手伝いをしております。

これだけ聞くと、私が様々なことに手を出して、何をやっているのかよくわからないと思われる方も多いかもしれませんね。しかし、そんなことはなく、私がやっていることはすべて繋がっていて、根底にあるのは「キレイになる」ということです。長い間、「キレイになる」を追求していった結果、今の私があります。そして「キレイ」に必要なのはまず健康だと実感しております。身体の健康は勿論のこと、心の健康も大切です。心と身体のバランス・調和がとれていてこそ、人は前向きに輝くことが出来ると確信しています。

アンチエイジングという言葉が世間に広まった10年前は、まず美容第一で健康は二の次にされてきた感がありました。が、しかしそれはもう古い考え方になってきています。ここに来て今は健康を最優先させる時代なのです。

アドバイザーの視点から、皆様に「健康で美しく楽しく」過ごすための秘訣をお伝えしたいと思います。

では……。

美ボディメイクインストラクターの視点から

◇腹筋と太ももだけは一生鍛えましょう◇

運動系レッスンで、私が毎回必ず受講者の皆様にご指導していることがあります。

「腹筋と太ももだけは一生鍛え続けてくださいね」何度も何度も口が酸っぱくなるほど言っているので、聞き飽きた参加者様も多いはずです。しかし、それだけに重要なことなのです。

私は初対面の人でも、ちょっとした動作を見ただけで、どこの筋肉のどの部分が弱いのか判断出来ます。

美容師さんが街行く人の髪に目がいくように、私もそれと同様に身体の動きに目がいってしまいます。一種の職業病みたいなものですね。

◇腹筋が弱い人はどうしても老けて見られやすい◇

見ていて「腹筋が弱いな」と思う人の特徴は、身体の軸がしっかりしていないため、どんな動作もヨロヨロとしています。ダンスレッスンなどではリズムについてこられず、ワンテンポ遅れてしまいがちです。本人もきっと歯がゆいことでしょう。

腹筋が弱い多くの人たちは、お腹に力を入れないで済む、背中を丸めたラクな体勢が癖になっています。いわゆる猫背です。

猫背は第一印象が良くありません。だらしなく見えたり、実年齢よりも老け込んで見えます。それって悲しいですよね。

また、猫背は呼吸器官を圧迫するので、浅くて速い呼吸になりやすいです。本来、浅い呼吸は、怒りや焦りを感じる時に陥るものです。日常的にそんな呼吸をしていると、いつのまにかストレスを溜め込みやすい体質になってしまいます。

逆に、ゆっくりと深い呼吸をしてみてください。心が落ち着いていくのが分かりませんか。

私はヨガレッスンの瞑想中に「呼吸を意識しやすいように、少し音を出しながらゆっくり鼻で吸ったり吐いたりしてみましょう」と指導しています。目を閉じて何も考えず、ただただ、自分の呼吸を聞くだけの時間です。思考を無にしてゆったりと呼吸をするだけで、自然とストレスが解消され、不安感が消えたりします。

このように、呼吸の仕方ひとつで気持ちをコントロールすることが出来るのですから、心と身体は繋がっていると言えます。前向きな気持ちになるためにも、胸を開き背筋を伸ばしてみましょう。オーラはデコルテから出ます。

その他にも猫背にはデメリットがあります。内臓を圧迫し、下垂させてしまうので、どんなに痩せている方でも下腹部がポッコリ出た状態になっていきます。下腹部のお肉って一番気になる部分ですよね。猫背が原因でせり出てしまっているのだとしたら、今すぐ姿勢を正しましょう。まだ改善する余地はあります。

おすすめのエクササイズ方法をご紹介しますので、ご参考になさってください。

猫背さよならエクササイズ♥

頭上で手を組み、手の平は⇒上向き

腕は耳の横で肘を伸ばす

キツいジーパンのファス⇒ナーを上げる時のように、お腹をヘコませ一番細い状態をいつも意識

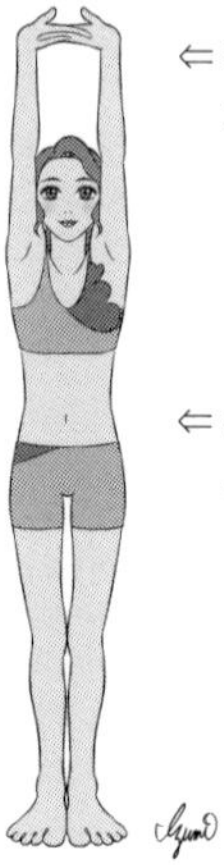

⇐手を高く上げることで内臓が引き上がる

⇐おヘソを高く引き上げる

（動的ストレッチ）

手の平を上にして組んだ手を後方へグッグッグッと反動をつけて振る

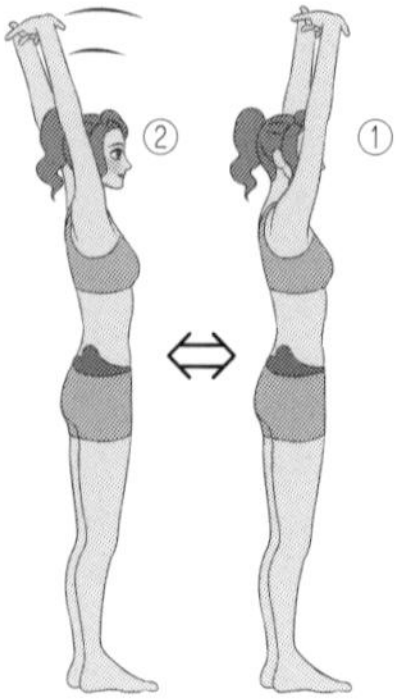

後ろ手に組んだ拳を上下に動かす

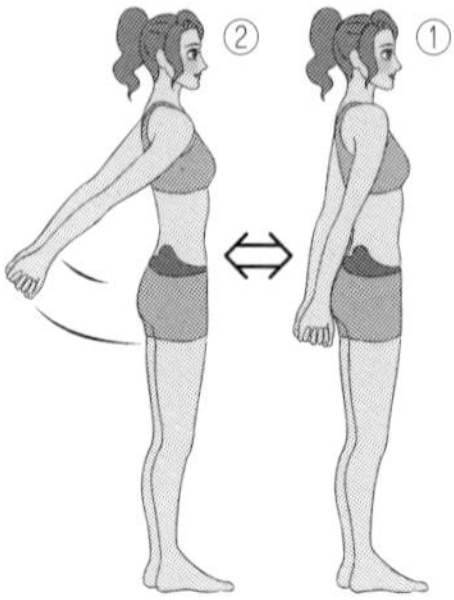

肩甲骨を寄せることで褐色脂肪細胞を刺激、代謝 UP ！

肩甲骨周りや、胸の上の筋膜を伸ばすことで、肩関節を柔軟にしましょう。
猫背予防になります。肩の動きがなめらかなほど、若々しい印象になります。

下腹部ペタンコエクササイズ♥

（プランク） 全身とお腹に効く

肘と拳、爪先を床について腕立て伏せに似たポーズをとる。カカトから頭まで斜め直線
腰を痛めないように、ほんの 1cm お尻を浮かす
1 回 20 秒〜 1 分キープ

（ネコのポーズ）

①息を吸って頭を起こし、
　背中をさげる

⇔

②息をなが〜く吐いて
　背中をアーチ型

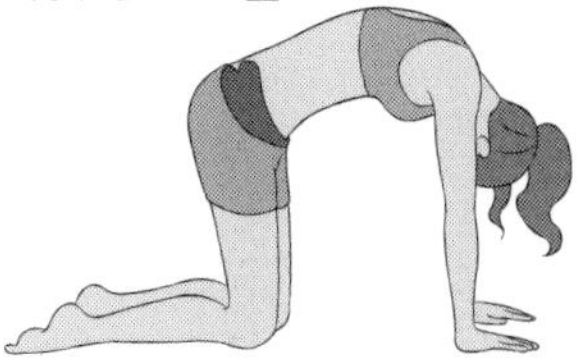

おヘソと、お腹に力が入るのを意識する

（脚の上下運動）

①仰向けで両手は肩の高さに広げて
　手の平は下向き

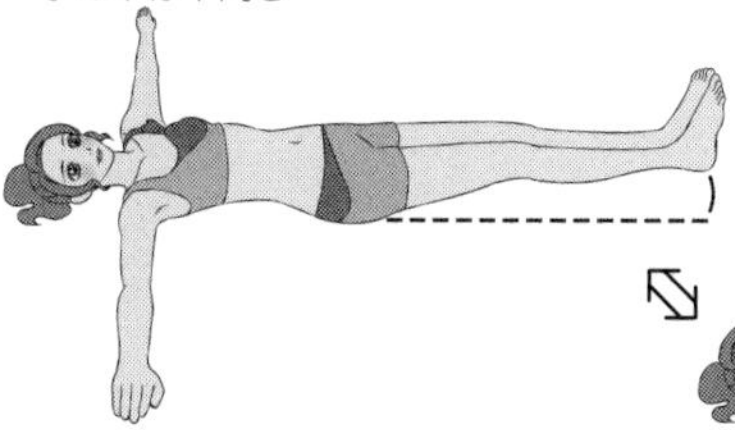

両足は伸ばして閉じたら床から
3cm くらい浮かせる

②両脚を閉じたまま高く上げる
下腹部の力を感じながら行う

普段から、お腹に力を入れるように意識していないと力の入れ方を忘れてしまうのが腹筋です。このエクササイズで、腹圧のかけ方を身体に覚え込ませましょう。

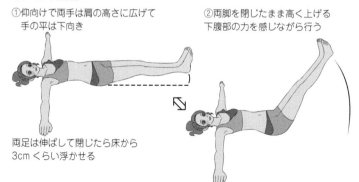

◇若々しい人こそ自分自身の身体を支えることができる◇

続いて太ももです。「老いは脚から」という言葉を聞いたことはありませんか。特にももの前面の筋肉が弱いと、どうしても動作が緩慢になりがちです。歩幅が狭くちょこちょこした歩き方をするのが特徴です。また、脚で体重を支えるのが苦手なため、踏ん張りがききません。ヨガで言う、バランスをとるポーズが難しくなってきます。水中で行うアクアビクスの簡単なジャンプさえ出来なくなります。水中では浮力が働くので、体重は陸上にいる時の1／3程度に感じるはずなのにです。

「自分の身体は、自分で責任を持って支えていきましょう」これも私が毎回レッスンでお伝えしている言葉です。

太ももの筋肉が弱くなる

⇩

すぐ疲れやすくなる

⇩

疲れるから運動が嫌いになる

⇩

もっと脚が弱くなる
⇦動くのが億劫になり、遠出しなくなる
⇦行動範囲が狭くなり、閉じこもりがちになる
⇦人との接点が激減する
⇦脚はどんどん衰える
⇦刺激も感動もない毎日、無表情になっていく
⇦やる気がなくなる
ますます動かなくなる
⇦寝たきり一直線

ちょっと極端に感じるかもしれませんが、決して脅しではありません。脚、特に太ももの筋肉が弱くなると、運動が嫌いになるのは確かです。そこから、行動範囲が狭まり、感動や刺激のない毎日を送ることは、思考を狭めることにも繋がっていきます。怒りっぽくなったり、うつ病になったりと、心の健康が脅かされていくのです。

自分の脚で力強く歩き、機敏な動きが出来ることは、とても幸せなことです。

「脚が太くなるから鍛えるのは嫌だわ」なんて言わず、動けるうちにどんどん脚を使っていきましょう。運動は未来の自分への投資です。一生使える身体を目指しましょう。

ダイエット中の皆様には、特に太ももの筋肉を鍛えることをおすすめします。身体の中でも大きな太ももの筋肉量を上げることは、代謝を上げることに繋がります。少し歩いただけでも燃える身体になりますよ。それに、パーンと張った太ももは魅力的なものです。

筋肉は使った分だけ必ず応えてくれます。

強くて魅力的な太ももエクササイズ♥

60 代でも 70 代でも、使えば筋肉量は増えるのです。

（スクワット） 一石四鳥、ももの前面も後ろもお尻も、腹筋も使えちゃう

①脚を肩幅に開き手を肩の高さで伸ばし組む

②・息を吸いながら腰の高さまでお尻を下げる
・太ももは床と平行
・背中は伸ばすか反らせるくらいのつもりで
・目線は前方（下を見ると猫背になり、お腹の力が抜けてもったいない）

③息を吐きながらお尻やももの後ろ側を意識して立ち上がる

※持病がある方、関節や筋肉に痛みがある方は、無理をしないようにしてください。

①腰を立ててまっすぐ立ち、
手は腰へ
片脚をイスや台の上に乗せる

②軸脚の膝を曲げる

・軸脚側のもも前面が鍛えられる
・膝を伸ばす時、お尻やもも裏にも力が入るように意識するとヒップアップも可能

①両手をラクに後ろにつき、脚を閉じて膝から先が床と平行になるようにする

②両脚を上げる。膝と親指のつけ根はくっつけておく

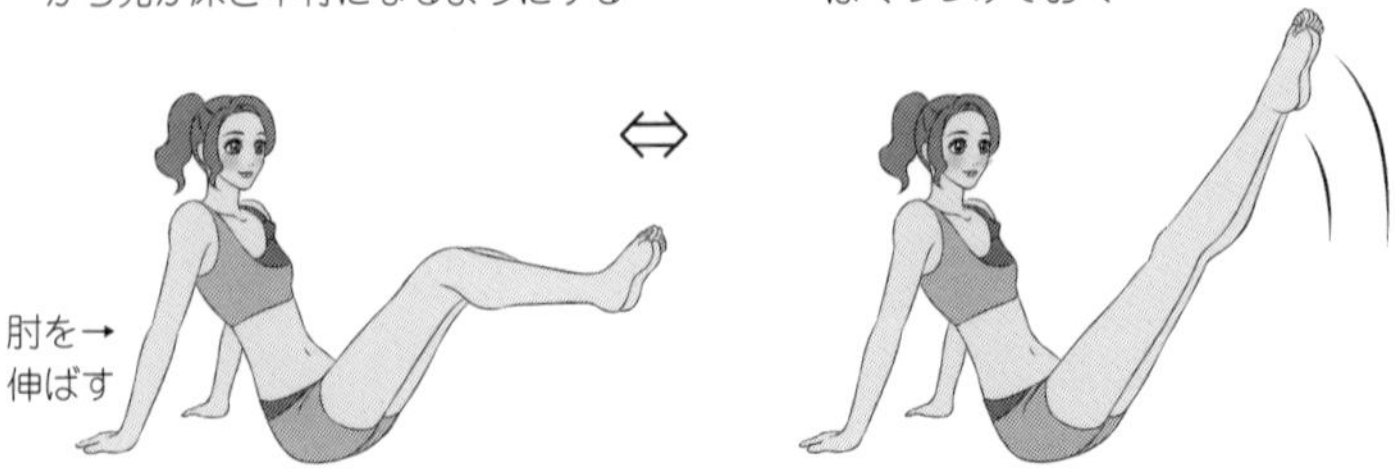

腰は曲げずに伸ばすと
お腹に力が入る

脚を上げられない人は
①の体勢を 30 秒キープ

※持病がある方、関節や筋肉に痛みがある方は、無理をしないようにしてください。

エクササイズに慣れるまでは辛いかもしれませんが、ちょっとキツいと感じる程度は頑張ってみましょう。身体に刺激を与えなければ、筋肉は弱くなり老化していきます。

◇「若々しい人」と「老けていく人」の差◇

身体は使わないと錆びていき、どんどん動かなくなります。使わない筋肉の上に脂肪が乗り、リンパの流れが悪くなって肥満体型になっていくのです。気が滞った状態と言えるでしょう。肥満は病気のリスクが増えますし、とても若々しいとは言えません。

かと言って、痩せて細いだけの身体も健康美とは離れています。若い頃は見栄えが良くても、年を重ねるごとに、動作が消極的になり、老け込んで見えるのです。

私は今まで、レッスンを通じて大勢の方の身体に触れてきました。その中で、筋肉の手応えが無いに等しい柔らかいふくらはぎの女性達の将来に危機を感じています。

意識をして運動をしている人は若々しいと思います。エクササイズにより、ボディラインと弾力のある筋肉を保っているからです。

体幹がしっかりしているので、どんな動作もブレずにキマルのもポイントの一つでしょう。アクティブな動きは若々しく見え、周囲の人をとても元気に楽しい気分にさせます。

ご存知ですか。運動をした後、成長ホルモンが分泌されることを……。

運動によって傷ついた筋肉を修復するために、成長ホルモンが分泌されます。成長ホルモンは子供達だけのものではありません。年を重ねると分泌量はかなり少なくなりますが、寝ている間に、肌や髪、爪に働きかけ作用してくれる素晴らしいホルモンです。私はまさにそれこそ若返りホルモンだと思っています。運動習慣がある人と、ない人では、このあたりで大きく差がついてくるのでしょう。

人生100年時代、筋肉量のピークを20代ではなく、30代や40代、いや、もっとあとの50代以降に持ってくることが出来たら理想的だとは思いませんか。それだけ健康寿命が伸びていくことに繋がります。「健康で美しく楽しく」過ごせる時間が長ければ長いほど最高ですよね。そんな人達が一人でも多くご登場いただけることを願います。

◇「若々しい人」はリフレッシュ法を知っている◇

私たちの周りには様々なストレスの要因があります。仕事や家庭でのストレス、人間関係、経済面、環境面など、数え上げたらキリがありません。そのストレスを軽減させる手段のひとつとして、運動はおすすめです。

前述したヨガの呼吸法は、気持ちをリラックスさせますし、レッスンに参加して雰囲気を楽しむだけでもリフレッシュに繋がることでしょう。私はよくサバサバした性格だと言われるのですが、それは毎日の運動で気持ちを常にリセットしているからだと自覚しています。イライラすることもありますが、一本レッスンをこなすと大概の嫌なことは忘れてしまいます。運動前の「悩みや怒りに捉われていた自分」を小さく感じ、あれは一体何だったのだろうと笑ってしまいます。笑っていると、なんだか楽しくなってきて、また新しい一歩を踏み出せるのです。

このように、運動は心の健康を保つのに欠かせないリフレッシュ法となるのです。

運動する時間がないという方は、「肩甲骨から腕が生えている」「おへソから脚が生えている」と思って生活してみてください。自然と動作が大きくなって、運動量が抜群に増しますよ。

また、運動以外にも幾つか気分転換方法を持っていると、いつも前向きな気持ちでいられるでしょう。

ウォーキングスタイリスト・スタイリングアドバイザーの視点から

「私は○○がコンプレックスで、とてもそんなことは出来ないわ」と、ちょっと寂しいことを言っている方はいませんか。

私はずっと運動し続けてきたため、ふくらはぎが太く逞しいのがコンプレックスです。私のふくらはぎを初めて見る方の中には、「まあ、あなた、凄いふくらはぎね。どうしたの」と、はっきり言ってくる方もいます。

このように言われ始めた当初は、「ああ、やっぱりこの脚は美しくないわよねえ」と、若干ショックに思いもしましたが、もう慣れてしまいました。

10代からジャズダンスやエアロビクスで、飛んだり跳ねたりを、毎日何時間もしているのだから当然ですよね。脚は逞しくなります。ふくらはぎだけではありません。私の心臓はスポーツ心臓で、一般の方より大きくなっています。一分間の平均心拍数が一般の方は60から80なのに対して、私は38くらいです。健康診断では、職業をしっかり伝えておかないと、不整脈でひっかかってしまいます。

でも、この逞しいふくらはぎと心臓が、私をずっと支えてきてくれたかと思うと、愛しくてたまらないのです。

立派なふくらはぎはご愛嬌です。疲れにくい脚と身体は私の強みだと開き直ってウォーキングの講師をしております。

あなたがコンプレックスに思っていることは、もしかしたら強みになるかもしれません。コンプレックスを受け入れ、気楽な気持ちで向き合えた時、明るい世界が待っていることでしょう。やりたいことや興味があることは、始めから諦めるのではなく挑戦していただきたいと思います。

◇「若々しい人」は自分の心に素直である◇

よくありがちなのが、年齢によるコンプレックスです。

「もう〇歳だからハイヒールなんて無理よ」

「若くないから、お洒落したら笑われる」


そんなことはありません。

私のハイヒールレッスンには60代のマダムもいます。最初は「若い人ばかりだったらどうしよう」と、不安に感じていたそうですが、「美意識を高く保っていたいので、勇気を持って申し込みました」と、ご参加いただいています。同年代の周りの女性達が、美しくなろうとする努力をしなくなり始め、次第に老いていく姿を見て、「自分もこうなってしまうんじゃないかしら」と、焦りを感じたそうです。

それから約2年のおつき合いになりますが、「毎回レッスンが楽しみで仕方ありません。周りの友人達からは、姿勢が美しいと言われます」と、嬉しいお声をいただいています。

歩き方が美しく変わり、より格好良く素敵になったマダムは、「ミセス向けのコンテストに出る」という、新たな目標が出来ました。とても素晴らしいことです。

また、マダムはこうも言っています。

「孫達が大きくなり、自分が80歳になった時に、ピンヒールを履いて銀座の街を一緒に歩きたい」と。

なんて素敵な夢なんでしょう。きっと実現するはずです。人生の先輩として私も憧れてしまいます。

年齢は関係ありません。「変わりたい」と思った瞬間が、始まりの日です。幾つになっても新しいことにチャレンジしている人からは、若々しさと力強い波動を感じます。コンプレックスや思い込みを乗り越え、自分を信じて行動することが、理想の自分になれる近道なのです。

新しい挑戦の場には、必ず新しい出会いが待っていて、世界が大きく広がるでしょう。

もう一人、私のハイヒールレッスン参加者様で、印象深い方をご紹介いたします。

20代の彼女はいつもスッピン、眼鏡にマスク。他の方達が着飾っているのに対し、洋服は毎回同じ地味めなものでした。

若いのに、いまどき珍しいなと思ったのが正直な感想です。

そんな彼女は、レッスンに誰よりも早く来て、欠席することは一度もありませんでした。

そしてある時、私は彼女が歯列矯正をしていることに気がついたのです。

「あ、この子は本当はキレイになりたいんだ」と、直感しました。

その後、彼女の胸の内を知ることが出来ました。


「自分はキレイじゃないし、ダメな人間だから、何をやってもダメだと思って、自分を虐めて生きてきました。ダメな自分がお洒落をしたって意味がないし、なるべく誰とも話さず、目も合わせないようにして生活しています」

彼女はゆっくり、言葉を選びながら打ち明けてくれます。

「でも、キレイな女性に憧れて、歯の矯正を始めました。そして、ある日偶然、先生のウォーキングレッスンのポスターを目にして、やってみたいと思ったんです」

ここまで、かなり長い時間、お話ししていたと思います。辛くて言いにくいようなことまで全部明かしてくれました。

そこで、私は彼女に、「よければ、ファッション個人セッションを受けてみない？」と提案し、６ヵ月間の変身計画に入ったのです。

◇心の健康を取り戻す◇

６ヵ月間の美容室同行やショッピング同行、メイクレッスンを重ねると、彼女はとても魅力的になっていきました。「キレイになるってこんなに楽しいんですね」と、イキイキと明るい笑みがこぼれます。キレイになって自信がついた証拠です。

よく、「外見をキレイに変えただけで、中身を変えなかったらダメじゃないか」と言う人もいますが、お洒落とは自己表現の一つであると共に、自分を大切にすることの表れでもあります。とても大切なことなのです。

自分の「変わりたい」という気持ちに素直に従うことで、彼女は心の健康を取り戻していったのです。人の目を見ることが出来なかった彼女は、今、美容部員の仕事をしています。

◇言葉は呪文◇

大変身を遂げた彼女ですが、変身前は「自分はダメだから」と、ネガティブな言葉を発していました。自分で自分に暗示をかけていた状態です。

言葉は呪文です。マイナスの波動を発していると、同じような波動の物事とシンクロして、負の連鎖に陥ってしまいます。どうせなら、ポジティブで美しい言葉を使い、明るい気持ちでいきましょう。

素敵だなと思う言葉や文章を、書き写すことなども心が前向きになる秘訣です。

<table>
<tr><th>若々しい人</th><th>老けていく人</th></tr>
<tr><td>肩が柔らかい
背中美人が多い</td><td>肩が硬い
背中がムクミやすい</td></tr>
<tr><td>上半身をしっかり起こせる
お腹に力を入れられる</td><td>前傾姿勢
腹筋が弱い
下腹ポッコリ</td></tr>
<tr><td>自分の中心軸を
しっかりとれる
体幹が強い</td><td>体を左右にゆらして歩く
体幹が弱い</td></tr>
<tr><td>筋肉量が多い
機敏な動作</td><td>筋肉量が少ない
緩慢な動作</td></tr>
<tr><td>表情豊か
笑顔</td><td>表情が乏しい</td></tr>
<tr><td>適度な運動
ボディラインがキレイ</td><td>運動不足
肥満</td></tr>
<tr><td>ポジティブな言葉</td><td>ネガティブな言葉</td></tr>
<tr><td>変身願望・挑戦する
行動する・素直</td><td>変化を嫌う
行動しない</td></tr>
<tr><td>リフレッシュ法を幾つか
持っている</td><td>リフレッシュ法がない</td></tr>
</table>

◇健全な身体に、健全な精神は宿る◇

心と身体は繋がっています。身体だけ健康、心だけ健康では、本当の健康とは言えません。心と身体のバランス・調和が大切です。

笑顔になるヒントは、日常の中にたくさん落ちています。心身共に最高の状態で自分の思いを行動に移すことが、幸せと成功の決め手です。まずは、自分に素直に、好きなことから始めましょう。どんどん行動しましょう。行動し、刺激を受け、感動しましょう。体験は財産です。

多くの方が「健康で美しく楽しく」過ごせますように。

お客さまファースト
～100%お客さま目線で捉える～

冨田　鼓

【さぁ大変！】


なんと！！！

予想もしてなかったことが起こりました！


出版のお話をいただき、あれよあれよとこうして本となり、読んでいただけることになるなんて。


はじめまして。

サロン系・治療系・教室系の個人事業主に向けた、売上アップのための経営塾をしている、株式会社つづみプロジェクト代表取締役 売上アップコンサルタントの冨田《とみた》 鼓《つづみ》です。

1970年12月12日生まれ、現在48歳。

48年の私の人生は、山あり壁あり、とってもドラマティックなものだなと、我ながら思います。

そしていつもそこには、人との出会いがたくさんありました。

ラッキーな時もそうでない時も、いつも人さまに恵まれ、助けられ、そしてたくさんのことを学ばせてもらった48年。

せっかく出版の機会をいただいたので、48年間の私の人生を振り返りながら、これを読んでいただいた方へ、何かお役に立つことがあれば嬉しく思います。

少しの間、お付き合いくださいませ。

料理研究家として起業した原点

◇まさかの料理教室◇

今から6年前に起業した時は、料理研究家として、個人事業主からのスタートでした。

元々食べるのが大好き、お料理が大好きな私は、よくお友達を自宅に呼び、ご飯を作っては振舞うのも大好き♪

料理好きな人が一番嬉しいのは、どんなことだと思いますか？

そう！
自分が作ったお料理を、美味しい美味しい！　と食べてもらうこと。
私も同じく、お友達に美味しいって言って食べてもらえることが何よりの喜びだったんですね。

だから特別、料理を仕事にしようとか、ましてや起業しようとかなんて思ったこともなくて。
だって、習ったこともない私がそんなこと出来るわけないと思うじゃないですか、普通（笑）。

そんな時お友達から、

「これだけ美味しいものを作れるなら、お料理を教えてほしい。是非お料理教室をやってよ。友達集めるから」

と、そんな風に言っていただくようになったんですが、思いもよらないお声がけに、びっくりしたのと、出来る自信もなかったので、最初はお断りして。

それでも何度も言っていただけたので、そこまで言っていただけるならと、ドキドキしながら、こうして私の起業の原点でもあるお料理教室がいつしかスタート。

自宅のキッチンでやるので人数は5、6名まで。

料理教室に通ったことがないので、上手く出来ないかもしれないけど、それでもいい？

この二つを最初に了承いただいての第一回目が始まったのが、今から18年前。

一番最初、お料理教室を始めた時のことは、18年経った今でも鮮明に覚えているし、そんなチャンスを私にくれたそのお友達とは、今でも仲良くしていて、心から感謝をしています。

だってこのことが、後々私が起業するきっかけになったんですもん。

もちろんこの時は、こんな風に発展していくなんて、夢にも思っていませんでした。

ただただ、食べる事が大好きで、お料理が大好き。

私が好きな事、得意な事で、周りの人が喜んでもらえるのが嬉しくて、それだけで私自身習ったこともないのに、お料理教室の先生をさせてもらいました。

◇趣味から副業、そして起業◇

お料理教室をスタートした頃の私は、契約職員としてサービス業をしていました。

その仕事をしながら、休みの日にお料理教室をする。

これは特別起業とか副業とか、仕事にしようなんてそこまでの意識はなく、好きな趣味を活かして求められたことで役に立ち、喜んでもらえるようにしたい。

それくらいの意識しかありませんでした。

それでもお受けした以上は必死に取り組もう！

そのためにまず私が考えたことは、私の役割、立ち位置でした。

私のお料理教室に来てくれた人たちに、何が出来るのか、何が伝えられるのか。

お料理についてどう思っているのかを周りの友達に聞いてみたところ、こんなことがわかりました。

「どの味が正解なのかわからなくて難しい」
「分量はかったり、面倒くさい」

え―――――――――っっっ！！！！！！

びっくり！！！

だって私は分量なんて量ったこともなかったし、それでもぜんぜん美味しく出来るよって作り方だったし、正解な味なんて、その人の好みでいいじゃん♪って思っていたから。

そっかー――。

みんなこんな風にお料理のことを誤解しているんだぁ……。

だから、お料理は難しくて、面倒でつまらないものになってしまっているんだなー……。

お料理好きな私としては、とっても残念で悲しいことだったので、

それなら私は、

お料理ってこんなにも自由でよくて、簡単に作れて楽しいものだよーーーー
ってコトを伝えよう♪

私が大好きなお料理を通して、参加してくれた人達に、お料理の楽しさを伝えたい！
そして、私の料理教室で習っていただいたお料理をまた大切な人へ作ってもらって、美味しいと楽しいを共有して欲しいなー。

そう！
私はコレが伝えたいんだ。

コレなら私にも、お料理教室が出来るかも！

そんな風に考えて、私の役割、立ち位置が決まりました。

こうしてはじまったお料理教室。
レシピに分量は書いてないわ、もちろん計量もしないわで、参加してくれた方達もびっ

くり（笑）。

でもコレが意外にも好評で、

「こんなに適当でもお料理ってちゃんと出来るんだねー。コレが正解って味って、レシピが作るんじゃなくて、自分が決めればいいんだねー」

そんな風に喜んでいただけたことで、この後長ーーーく、たくさんの方に通っていただくお料理教室へとなっていきました。

お料理を学んでこともない私が、この経験から学んだことは、今でも私の理念になっている。

『私だから出来ることを　私にも出来るやり方で　私らしく』

コレは出来ない、アレは出来ない、こんな風にはやれない、私はこんなんだから無理・・・

誰にも出来ることと出来ないことってありますよね。
でもホントにやりたいことなら、
出来ないことを嘆くより、出来るやり方を考えよう♪

このお料理教室を立ち上げた経験は、何もないところから、作り上げることが誰でも出来るんだよってコトを教えてもらったことでした。

◇起業って特別な人がやること◇

現在は起業して、会社を興していると、すごいパワーがある人とか、特別な人みたいに思ったりしませんか?

私はそう思ってました(笑)。

だから私には関係のない世界。

起業したいとも、ましてや会社を興したいとも、全く思っていませんでした。

どちらかというと、小さい頃から人前に出ることが苦手。目立つことをするのが恥ずかしくて、思ったことを上手く表現できない、そんな子供でした。

そんな私なので、人生とは、普通が一番！　と思っていたし、自分も普通の人生を送るもんだと思っていたんですけど、コレがなぜか、普通にはいかないことばかりの人生だから笑えてきます。

自分でも周りのお友達にも、なぜそんなことが良く起こるの？　と言われることもしばしば……。


そもそも普通って何でしょう……。

私が考える普通な人生って、20代半ばになったら、結婚して、専業主婦になり、時々パートなんかしたりして、子供が生まれたら、一生懸命子育てをし、家庭を守る！

野菜でいやす
ベジタブルセラピー

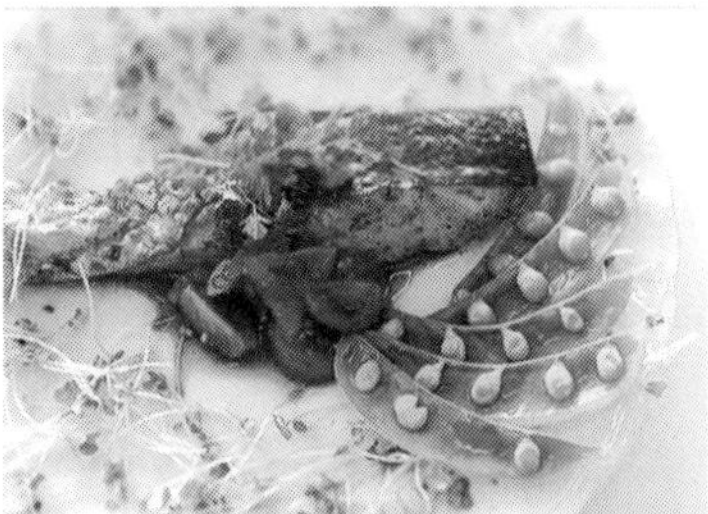

コレが、私が思う普通の人生の過ごし方。理想でした。
お料理だって好きだし、洗濯も掃除も一通り出来るし、私バッチリじゃん♪
そう信じていたのに、それがそれが……。

人生とは思いよらないことが起こるもの。

現在私、バツ2で子持ちのアラフィフ。
今時の世の中、バツ1って珍しくないし、よく聞く話。
でもさすがにバツ2って……。

なーーーんて思ってたけれど、最近ではコレもまぁまぁある話かも。

それでも1回も結婚したことがなった頃の私は、結婚にすごく憧れていたし、まさか2回も結婚して、2回も離婚することになるなんて、思いもしなかったけれど、でもこの2回の離婚があったからこそ、起業しようってきっかけになったたし、今の私があるんだと思ってます。

2回目の離婚をした時、まだ2ヶ月の子供がいました。

正式に離婚できたのは、1年後。

その前に子供が2ヶ月の時から、DVの旦那さんの元から逃れ、別居。

そして調停で1年戦い、正式に離婚。

この時は、私の人生って最悪だし、赤ちゃんを抱えて、もうどうしたらいいかわからない……。

そんな風に思ってました。

バツ2だし……。しかも旦那さんは働かないので、養育費もくれないし。調停で決まってるのに、くれないんです（笑）。

それっておかしい。許せない！

「決まったことだし、親としても義務だから、ちゃんと払ってください」

そう言って、何度も旦那さんの携帯に電話したりしていました。

でも、のらりくらりと払わないんですよねー。だから余計私もストレスになって……。

ある時、ふと気づいたんです。

いつも私から旦那さんの携帯に電話して、通話料かかって、それでも養育費も貰えないって、私損してない？

そう！

通話料損してるじゃん！！！

もう！

ホントに許せない！

って思うと同時に、

そっか。
そんな旦那さんだから離婚したんだよね。こんな生まれて間もない赤ちゃんがいるのに
……。

なのに私はそんな人をあてにしている。
そしてあてにならない人が、あてにならないことに腹を立てている。

うん。
コレって私が間違ってるな

って、そう思いました。

きっと、養育費をきっちり払ってくれるような、誠意のある人なら、私は離婚しなかっ

たかも。
それすら出来ない人だから、離婚したのに、いつまであてにしているの？
そんなあてにならない人を選んで結婚してしまったのは私だから、私の責任。
じゃ、仕方ない。
私が自分で何とかしなきゃ。
私は母親だし。

そう思った瞬間、パチンとスイッチが切り替わる音がしたような気がしたんですよね。

そこからがもう、とにかく行動。

養育費をあてにせず、子供を育てていくのにはお金がかかる。
そのためには、お金を稼がなきゃ！

でも私には就職に活かせるような大したスキルがない。

面接に行っても、まだ生まれて2ヶ月の子供がいるとなると、なかなか採用して貰えない。

そもそも、募集要項自体、私の働ける条件に合うところが少ない。

それでもひたすら職安と面接を繰り返し、何とか契約職員として、採用。

それでも月給手取りで12万くらい。

今は実家に住んでいるから、何とか生活は出来るけど、コレでは将来、子供が高校大学と進むにつれて、お金足りなくなるよねー。

しかも、私もいつまで契約職員として雇って貰えるかわからないし。

そんな不安があって、その不安を払拭するためには、とにかく貯金をして将来に備えよう！

そう思った私は、とにかく働いて、収入を少しでも増やし、毎月1万でも2万でも貯金しよう！　と決めて、月曜日から金曜日までは契約職員として働き、土曜日は毎週サービス業のバイト、日曜日はお料理教室をすることに決めました。

そう、つまり1ヶ月フルで働くってコト。

やると決めたらやる！

努力と根性の冨田と言われてるくらいだから（笑）。

当時全くお金も人脈も何もなかったので、なけなしのお金をはたいて、ノートパソコンを1台買い、お料理教室の集客のためにブログを書き始めたんですけど、何からどう書いたら、読んでいただく方に楽しんでもらえるのか、最初は全くわからなくて、それでもテーマがお料理のレシピだったので、毎日作ったお料理の画像とレシピ、そして私の日常を毎日毎日載せて発信。

そこにお料理教室の案内も掲載しました。

ネット広告やフリーペーパーなどをする費用がない私でも、ブログを書くことは無料で出来る！

コレがその時の『私にも出来るやり方』だったんですね。

毎日毎日ブログで発信をしていると、ちゃんと見ていてくれる人はいるもので、外部から講師の依頼が来るようになりました。

主に市や県など行政が運営する生涯学習講座の講師だったので、お勤めを有給休暇で休みながら、講師の仕事をお受けする、そんなことがだんだん多くなっていった頃、ホントに私のやりたいことが見つかった気がしました。

好きなことを仕事に、起業したい！

でもホントに私に出来るんだろうか……。

やったこともないし、周りに起業している人もいない。
どうしたらいいかもわからない。
それにお勤めしていれば、毎月決まったお給料は貰える。
好きなことを仕事に、起業して、上手くいく保障は何もない。

そんなことはもちろん考えたし、やっぱりやめたほうがいいんじゃないか、私には無理かもしれない、

そんなことも何度も考え、諦めかけたこともたくさんあったけど、それでもやりたい気持ちはどんどん膨らんで、できるかどうかなんて、今考えてもわからないし、やってみてダメなら、またどこかでお勤めすればいい、死ぬわけじゃないし、今のままやりたいことをやらずに諦めてしまう人生よりも、本当にやりたいことをやる人生を選んでみて、もし失敗しても、きっとそこから学ぶことのが多いはず！！！

こうして私の起業はスタートしていきました。

◇料理研究家から売上アップコンサルタントになろうと思ったきっかけ◇

小さな子供を抱えて、人生初めての起業！
ところで起業って、何をしたらいいの？
今まで副業で料理教室をやっているのと、起業して本業でやるのと何が違うんだろう。
お勤めを辞めたんだから時間が出来たのに、何から始めたらいいのか、全くワカラナイ
……。

コレが起業したての頃の私。
ホントに何にもわからなくて、そんな私がした決断。
それは起業している人がたくさん集まっているビジネス交流会に入会すること。
人前に出ること、たくさんの人と関わることが苦手な私にとって、とっても勇気のいる

決断だったけど、周りに起業している人もいないし、誰に何を聞いたらいいのかもわからなかったから、とにかく起業している人達に話を聞いたり、近くで見ていれば、そこから何かわかるかも！

それくらいの気持ちで入会を決めました。

当時の私にとっては、入会金も高かったし、ホントにここに入ってやっていけるのか、不安のほうが大きかったたし、それでも起業したときの気持ちとおんなじで、

もし続けられなくなったら、辞めればいい。死ぬわけじゃないし。

入会金は、何年か前から貯めていた500円玉貯金の30万円バンクと10万円バンクの貯金箱がパンパンになっていて、それを開けてみたら、予想の40万円より16万円も多かったので、それで入会（笑）。

必要なときに必要なことが準備されてるなと、500円玉貯金に感謝☆

ビジネス交流会で経験させてもらったことはとてもたくさんで、多くのことを実体験で学ぶことができました。

お料理教室だけじゃない、飲食店のメニューのプロデュースをさせてもらったり、テレビ番組のフードコーディネートをさせてもらったり、いろんなお仕事を紹介していただき、時には厳しく、そして親身に教えてもらい、こうして何年か過ぎた頃、SNSを通じて、起業している女性の方達、何人かから、起業についてのご相談をお受けするようになりました。

・起業したけど何からどうしたらいいかわからない
・なかなか売上が上がらない
・こうなりたいけど、そうなるためにはどうしたらいいのか

何故私に聞こうと思ったの?と聞いてみると、活躍している感じがしたからと。

でもね、その当時、忙しい割には大した利益も出ていないような、そんな活躍ぶり（笑）だったんです。

SNSって怖いですねー。そんな私なのに、とっても活躍しているように見えちゃうんだから……。

でもこのことで気づいたことがありました。

それは、SNSが流行りだして、女性が好きなことを仕事に起業する方が増えているってコト。

そしてその方達も、起業した頃の私とおんなじで、どうしたらいいのかわからずに悩んでいるということ。

そっかー。ならば、その方達の役に立てるよう、私が出来ることは何だろう……。

そう考えたときに、いやいや、今の私では力不足。

まずはもっと私自身がもっとしっかりとした経営をし、利益を出していかなくては……。

そう思った私が次に起こした行動は、経営について徹底的に学ぶこと。そしてそれを体系化し、全く経営についてわからない人にもわかりやすく、好きな仕事で起業して、安定した利益を上げていけるような、そんな経営塾をしたい！

女性は結婚や出産、家事、育児で男性と同じように働けない時期というのがあります。

だから男性と同じようなやり方では、出来ないこともあるかもしれない。体力も脳も違う。男性がする経営ではなく、初心者の女性が出来る経営の仕方を体系化して伝えたい！

相談を受けた女性の多くが起業していたり、これから起業したいと思っていた分野が健康・美容に関してのことだったので、まずは学んで、私自身、健康・美容に関しての仕事をしてみようと、

・女性が一人でも出来ること
・子供がいても出来ること
・資格がなくても出来ること
・たくさんの資金がなくても出来ること
・粗利率がいいこと
・客単価が高いこと

そんな条件に当てはまることってなんだろうと考え到達したのが、エステサロンでした。

◇未経験からのエステサロン経営◇

エステサロンをやっている方に、どれくらいの売上を出せたら嬉しいと思うかと聞いてみたところ、月商100万取れたらすごく嬉しい。という答えが多くあったので、ならば、私もまず月商100万円を目指そう！

こうして売上目標も決まり、エステサロンを立ち上げることになりました。

そうそう、エステなんてやったことないから、全く業界のことがわからなくて、エステの技術を習いにいくという概念もなく、自分でいろんなお友達の体を使って練習し、構築。

私が立ち上げたエステサロンの分野は痩身、痩せるエステだったので、とにかく綺麗に痩せていただくためにどうしたらいいのかを考えて、後はネットで調べたりして、そしてそれをまたいろんなお友達の体を使って試す、ということを繰り返し、痩せた！ という結果を出して、自分の技術に自信をつけていきました。

エステティシャンとしてのキャリアがない分、結果でしか勝負できないでしょーーー。

そう思ったから☆

技術も身につけ、経営も学び、店舗も作り、

よし！ コレでたくさんお客さまに喜んでいただける♪

そう思ったのに、あれ？ ぜんぜんお客さまが来ない。

高い広告も、覚悟を決めて契約したのに、なのに何でお客さま来ないの？

しっかり結果が出るエステの技術と、経営の勉強もしたんだから、じゃんじゃんお客さまが来てくれるエステサロン経営が出来るはず！

そう思っていた私を待ち受けていたのが、毎月50万円の赤字。
店舗を作って４００万以上投資しているのに、毎月50万の赤字を2ヶ月連続で出して、すでに崖っぷち……。

そこで私は、今までの行動や考え方を一度リセットし、とにかくお客さまのためにどうしてあげたら一番喜んでいただけるか、それだけを考えよう。

まずはどうしたらお客さまが来てくれるのか、
そして来ていただいたお客さまに私のサロンを好きになってもらうためにはどうしたらいいかを必死で考えてみました。

売り手目線ではなく、買い手目線で。

そう、100%お客さま目線！

この考え方を元々していたつもりだったけど、きっと何かが違っていたんですね。

もっとお客さまのことを考えよう、お客さまの役に立つことをしよう、この想いだけを大切に、とにかくお客さまの話を親身に伺いました。

でもね、コレって赤字を出していたときも大切にしていたので、行動として特別何かを変えたってわけでもなかったんだと思うんです。

それでも結果は全く違っていた。

コレって何でだろうと、すごく不思議だったんですけど、想いの深さだと思うんです。つまり、マインドの違いだと想うんです。

決して赤字の時、その想いが浅かったわけでもなかったし、それでも、やっぱり赤字続きで崖っぷちになった時と、マインドが違っていたんだと思います。

一日売上とか、利益とかは頭から外して、

もちろん経営するうえで、売上とか利益とかは出していかないといけないわけで、

それでもお客さまを前にしたら、そんなことを一切考えないように、とにかく

１００％お客さま目線で、このお客さまのためにはどうしてあげたら一番喜んでいただけ

るのだろう、

それだけを考えて、お話を伺い、ひとつひとつ丁寧に対応していきました。

２ヶ月連続50万の赤字だったサロンは、翌月目標だった月商１００万円超えを達成す

ることが出来、それ以来、予約が取れない人気サロンへと成長させていただくことが出来

たのは、ホントにお客さまのおかげだと、心から感謝しています。

答えは全てお客さまが持っている！

いかなるときも１００％お客さま目線！

このことがサロンを通じて、学べたことでした。

◇人気サロンからの退去勧告◇

人気サロンに成長できたのも束の間、私を待ち受けていたのは、店舗を作ったビルの退去勧告。耐震問題があるので退去してください、とのこと。店舗を作って7ヶ月目のことでした。

そしてその1ヶ月後、店舗を泣く泣く閉め、退去。急なことで、心の準備、次の移転の準備も出来ないまま、まずは自宅でサロンをするということを決断し、それと同時に、元々やりたかった健康・美容の仕事で起業している女性のための経営塾を立ち上げることになりました。

たった8ヶ月の店舗経営だったけど、未経験からの立ち上げ3ヶ月で、目標だった月商100万円を達成し、たくさんのお客さまに来ていただける、予約が取れないほどの人気サロンに成長させられたことは、私にとって自信にもなったし、コレを体系化し、健康・美容のお仕事で起業している人達の役に立つことが出来るなら、この経験はより価値があるものになるはず！

そんな想いで立ち上げた、健康・美容を仕事に起業した女性のための経営塾は、まだ初めてやっと1年ですが、受講し、卒業された方達はみなさん、売上を上げていただくことが出来ました。

私が考える売上とは、ただお金ではなく、お客さまからのありがとうの対価。100％お客さま目線で考え、どうしたら喜んでいただけるのか、どうしたらお役に立てるのかを考え、対応させていただいたことに対して、いただける対価。お客さまに喜んでいただき、お役に立つことが出来れば、おのずと自然に売上が上がっていくものだと信じています。

だからこそ、売上を上げていく努力は惜しんじゃダメだし、絶対売上を上げていかないとダメだと思うんです。

だって、売上を上げるということは、お客さまにたくさん喜んでいただけた証拠だから。

◇起業を通して学んだこと◇

お料理教室から始まり、料理研究家として起業、そしてサロン経営、そしてそして、売上アップコンサルタントとして、経営塾をすることになった。私の人生は、元々私が憧れていたしていた普通の人生ではなかったけれど、たくさんのことを学び、起業する前より、ちょっとは成長出来たかなと思える楽しい経験をさせてもらいました。

たぶんコレが私の人生の正解で、きっとこれからも、いろんなことが待ち受けていて、それはいいことも悪いことも全て私に必要なことで、何とかしていくしかなくて、絶対何とかなる！

そう思ってます。

今まで関わった全ての方々に感謝の気持ちを込め、
そしてこれからも、たくさんの出会いと、たくさんの経験を積んで学んでいく私の人生に、ワクワクドキドキ、期待しています！

笑顔の中の波動物語

鮫嶋　明子

愛の波動の法則

皆さま、ごきげんよう！　日本一エレガントな仲人（商標登録第5573680号）株式会社花縁（YOTSUBA BRIDAL）の鮫嶋明子と申します。30代で離婚し銀行に勤めましたが、交通事故に遭ったことをきっかけに、『人生はいつ何が起こるかわからないということと必ず人に訪れることは死という現実』だということを強烈に実感し、限られた人生を自分のやりたいこと・やりたい仕事をしたいと決意し、銀行を辞めてカラーリストになりました。同じカラースクールに通い同じ資格を持った友人と共に青山にレンタルオフィスを借りて起業しました。今の結婚相談所の仲人業とは違う事業からのスタートでした。個人の方のパーソナルカラーリストや専門学校での非常勤講師をしながら、婚活業界へとご縁が繋がったきっかけは、桂由美ブライダルハウスでのアルバイト経験からでした。日本女性として夢を実現し、成功をした憧れの桂由美先生のまるでお城のような建物の中で、礼儀作法、言葉遣い、お客さまの幸せ作りのお手伝いを徹底して継承しているスタッフの方々の素晴らしさや、桂由美先生の常に前進し続ける前向きさや動き続けるバイタリティ、そしてそこにある周囲の人たちへの愛に満ちた心に触れて沢山の学びや気付きを経験させていただきました。そして、この結婚式という幸せな儀式を準備する幸せそうな花嫁さんの笑顔が眩しくて……。当時バツイチ子持ちでいた私には、二度と訪れることのない幸せなのだと思いました。そして、それならば結婚したいと夢を持っている方の出会いの縁を繋げる仕事に携わりたいとの思いで、大手の結婚情報会社に入ることとなりました。そして、その後独立して現在に至ります。世間の結婚相談所の成婚率が60％以下と言われる中で、60％の成婚率を誇るまでになりました。どうしてこんなにも私の会員さまが結婚していくのか……。そこを今までの経験を通して私が見てきたこと経験したことをお伝えさせていただきたいと思います。なぜならば、運命の相手がいるのに出会えてない、気が付かないままの方があまりにも多すぎるからです。どうか少しでもパートナーに出会いたいと望んでいる方の為になれば幸いです。

『引き寄せ』という言葉を聞いたことのある方は沢山いらっしゃると思いますが、仲人として、この『引き寄せ』という現象を数多く見て参りました。例えば、『もう○歳だし、そんなに綺麗でもないから、私を選んでくれる相手はバツイチでうんと年上の人しかいないのかな』と思っているうちは、そういう人からしかお見合いのお申し込みがありません。ですが、自分を知って、どんな自分になりたいかをイメージして、理想の自分になるには何が足りないかを書き出して、その足りない部分を埋めるための実践を、毎日の生活の中に取り入れて、今日できる小さな努力を積み重ねていき、足りない部分を埋めていくことで自分に自信がついていきます。例えば、笑顔が苦手な方が笑顔を心がけていると、周りから『最近感じが変わったね！　前より明るくなって話しかけやすくなったね♥』などと言われるようになったり、いつも受け身で消極的な方が、『自分から……』を心がけて、『自分から挨拶する・自分から誘う・自分から相手の良いところを見付けて褒める』などと自分がしてもらって嬉しいことを他の人にしていくことで、同じようにお相手から声をかけてもらったり、お誘いが増えたり、褒めてもらって嬉しかったりと、お相手から大切にされるようになり、周りからの評判が良くなることや必要とされることで自信を持てるようになります。そうしますと、以前は『私なんか○○な人くらいしか相手にしてくれないから』と理想を低く持っていた人の気持ちが変わって、例えば、どうせ私にはバツイチでうんと年の離れた男性からしか選んでもらえないと思っていた女性が、『やっぱり初婚で、同年代の話の合う人がいいな！』というように理想が変わっていくと、望んだ条件のお相手からお見合いのお申し込みが来るようになります。不思議な現象ですが、急に東京大学卒業の経歴の男性からのお申し込みが立て続けにあって、不思議に思いその女性会員様に連絡をしたところ、お返事が『最近東大のことばかり考えているのです』とのこと……。彼女は教科書やテキストを作る出版会社に勤めていて、当時、東京大学の担当に代わったばかりで、毎日、東大生の望むテキストのことばかり考えていたから東京大学卒業の経歴の方を引き寄せたのだということがわかりました。他にも沢山の事例がございますが、それは偶然でもなく不思議な現象でもなく、当然のことが日々目の前で展開しております。ただ、この『望んだものを引き寄せる』ということには限界があります。『同じ波動のものを引き寄せる』という波動の法則があるからです。元気な人の傍にいると『自分も元気になる』『自分もなんだか楽しくなる』。逆に暗そうな人の傍にいると自分まで暗くなったりします。が、それは二人が同じ波長の中にあるからです。恋人同士や夫婦は、言葉に出さなくても、お互いが考えていることがわかると言われます信がないという人が、『自分のありのままを愛してくれて、大切にしてくれる人が理想です』と言っても自分を愛せないのに自分を愛してくれる人を求めるのは違いますよね。『自分はいいところもそうじゃないところもあるけれど、それでも自分はかけがえのない存在だと思ってる。完璧ではないけれど自分をとても好きだから、自分のありのままも相手のありのままも受け入れてお互いに愛し合える人が理想です』といった人は自分のありのままを受け入れてくれて愛を交感できる人を引き寄せます。相手のことをジャッジする人は自分をジャッジする人しか引き寄せません。要は自分次第で理想の相手を引き寄せるかどうかがはっきりするのです。ではその波動や波動の法則とは何なのでしょうか？　波動の法則とは『同じ周波数が合うと引き寄せ合うこと』を言いますが、ではその『波動』の正体っていったい何なのか？　と思われるかもしれませんが、皆様は実態はないけれど、『嫌な予感がする、気が合う、ウマが合う、フィーリングが合う』といった目に見えないけれど『感じる』ものを実感として知っているはずです。小学校の時に、理科の授業で習ったことがあるはずですが、二つの音叉を用意し、一方を鳴らすと、もう一方の音叉も『ブーン』と鳴ります。このときの周波数は44ヘルツで、これを波動共鳴と言います。進学して高校の物理の授業でも少し、波動を学びますが、大学で専攻しないと量子力学を学ぶ機会がないですから、この波動共鳴のことを科学だということもわからないままに、シンクロニシティといって奇跡的体験と捉える人は沢山いらっしゃいます。科学的には同期と言って、同種の波動は共鳴して響き合うように、物理的にできているのです。話が前後しますが、私の前職は『カラーリスト』でした。色彩検定という資格試験があって、色彩学を学びました。色とは何か？　と問われたとき、物理的には『色は光である』と答えることができます。では光とは何か？　と言うと『光は電磁波である』と言えるのです。電磁波は振り幅と波長で表します。振り幅は波の山の高さで、波長は山から山までの高さです。この電磁波は、私たちの身の回りに溢れていて、テレビや電子レンジ、携帯電話など、電磁波はとても身近な存在です。その電磁波の中で、人間の目が捉えることのできる特定の範囲の光線は可視光と呼ばれ、この波長範囲は３８０nm（ナノメートル）から７８０nmです。人間の目が色を感じる可視光は、このわずかな範囲の380nmの辺りには青紫、そして780nm辺りには赤の色、そして青紫の外側には紫外線、赤の外側には赤外線といって人間の目で見ることのできない電磁波があります。人の目に見えない特定の周波数にX線やガンマ線があって、目には見えないけれど人体にとって悪影響があることは誰にでもイメージできるのではないかと思いますが、目に見える波動が違うだけです。悪い影響を与える周波数もあれば、良い影響を与える周波数もあります。

ここで、先程の音叉の共鳴実験を思い出してください。右の音叉を叩くと、左の音叉が鳴り始めるという実験です。『同じ固有振動数の音叉だけで』音が鳴り始める、ということです。固有振動数の違う音叉は共鳴しないのです。もし、この共鳴現象が量子場で起こっているとしたらどうなのでしょうか？　人の意識は音というエネルギーを発していま す。この音は、量子場で他人が出す『音』と共鳴し合います。ですがこのとき、『同じ交友振動数』を持つ人間同士しか共鳴しないのです。目には見えないエネルギーの共鳴であると思います。つまりネガティブな人はネガティブな人とだけ共鳴し、ポジティブな人はポジティブな人とだけ共鳴します。これが波動共鳴による引き寄せ現象なのだと私は確信しています。自分の波動が高いとき（明るい、気持ちいい、楽しい、穏やか、安心している、すっきりしているなど）はそういう人と共鳴しやすくて、逆に波動が低いとき（気持ち悪い、暗い、落ち込んでいる、どんよりしている、不安、恐怖など）は、やはり同じような人と共鳴しやすいのです。もう一つ大事なことは、人は自分が望むものしか見えてないということも意識しなければなりません。実際、私は結婚相談所を経営しながらも離婚後は独身を貫いていました。世間的にはやはり仲人が結婚していないと説得力がありませんから『婚活中の仲人』というキャッチフレーズで仕事をしていました。仕事は楽しかったし遣り甲斐もありました。同じように独身で充実した仕事を持った人に囲まれて生活していましたし、結婚をしたいとも思ってなかったのです。そんなとき、当時、一緒に合コンやイベントを協賛していた元ジュリアナクィーンでお立ち台の女王と言われていた荒木師匠が結婚したのです。同じように仕事をしていてまさか結婚するなんて思いませんでしたし、結婚する気もないと私は思い込んでいたのですが、その年の5月お嫁にいってしまいました。結婚式では、可愛いミニのウエディングドレスを着て、玉置浩二似で笑顔が抜群に素敵な優しさの塊のような日那さまの嬉しそうな笑顔がとても印象的で羨ましくて、40代でもこんな式挙げていいんだわと俄然結婚もいいかもしれないと思うきっかけとなりました。そして、このタイミングに大学を卒業して就職した娘から唐突に『ママもそろそろいい人見付けたらどうなの？　私もいずれは結婚するし、弟はアテにならないからまだ若いうちに見付けて結婚した方がいいと思う』と、言われたのです。離婚してからはずっと『ママ再婚しないでね』と言われ続けてきたのに彼女も大人になったということだったのでしょう。もしかしたらそろそろ結婚のタイミングなのではないかと、結婚を意識するようになったのです。でも、実際に私の周りにいる男性は、結婚しているか、独身であっても、素敵な人はうんと年下の女性を望んでいたり、結婚する気がなかったり、あるいは結婚したいと思えるような男性はいませんでした。一体どこに私の王子様はいるの？　といった現実しかありませんでした。そんなとき荒木師匠に言われたのは『いないんじゃなくて見えてないだけかもしれません。自分の理想の結婚相手を書き出してイメージしてみてください』というアドバイスでした。早速84個の理想の条件を書き出してみました。そして、見えていなかったことに気が付いたのです。世の中にはこんなに素敵な独身男性がいたのです。人は意識しないと見えない。例えば身内に赤ちゃんが授かると妊婦さんばかり目に付くとか、赤ちゃんが生まれると、こんなに世の中赤ちゃんがいるのかと思うくらいベビーカーに乗っている赤ちゃんばかり目に付いたり、黄色い車が欲しいなと思うところんなに黄色い車に乗ってる人がいるのだと思う程黄色い車ばかり目に付くことってありませんか？

　私は会員様に最初のカウンセリングで必ず聞くことがあります。

①どうして結婚したいのか結婚したい理由と、②どんな人と結婚したいかという理想の

相手像と、③どんな結婚生活を送りたいのか具体的な未来像と、④結婚したらどんな自分になっていたいのかという4点です。①の結婚したい理由は、子供が欲しい、親がうるさいといった環境の理由や、魂磨きがしたいといったことまで、何かしらの結婚したい理由は挙げてくださいます。ですが、②のどんな人が理想なのかという質問に対しては、ほとんどの方が口ごもり、一瞬無言になります。そして、とても抽象的に、明るい人、優しい人、誠実な人、といった内面的なことから、高学歴、高収入、などといった条件面を話してくださいます。③の理想の結婚生活については、女性は相手によるので具体的にはわかりませんと答える方が多く、男性は仕事も収入も変わらないので住む場所だったり、子供が欲しいとか二人でパートナーとしての生活がしたいなど具体的にお話ししてくださいます。最後のどんな自分になっていたいかについても言葉に詰まる傾向があります。

何はともあれ婚活の風景は波動のバイオリズムの中にあります。

元気な人の傍にいると「自分も元気になる」「自分も楽しくなる」その反対に暗い人の傍にいると「自分までも暗くなる」「………」

恋人同士、夫婦の間も語らずして同じ波動の中にいる。

いざ結婚相手を探そうとする時、自分の理想のタイプの人をイメージして紙に書いてみる。しかしなかなか前に進まない。大抵の人は「私の目ざす王子さまはどこにいるの」「僕が求めている頭の回転が良く美人の女性は現れないのか」と焦りを感じます。

その答えは「いないのではなくその人のことが見えていないのです」見えない。気が付かない。教えてくれない。この言葉の背後に愛の波動が隠れているのかもしれません。ただ限界がありますが「望んだものを引き寄せる」という波動の法則があります。皆様の素敵な笑顔で理想のパートナーをつかまえてください。

武医同源

中村　元鴻

中国武術との出会い

幼少期より現在に至るまで約40年もの間、中国武術の鍛錬を行ってきました。私にとって中国武術との出会いによって、ここまで様々な経験とご縁、学びの礎になるとは思ってもいませんでした。中国武術を知るきっかけはごく一般的で、映画でブルース・リー（李小龍）やジャッキー・チェン（成龍）、ジェット・リー（李連杰）を見て「カッコイイ」という憧れでした。ただ、武術というジャンルにおいて、強くなりたいとか、何かの競争で頂点に立ちたいという氣持ちは一切なく、ただ「鍛錬したい」という目的と「武術は生涯行うもの」「武術によって一生が組み立てられていく」と、まだ10歳の子供だった頃に不思議なくらいに強く感じたことを今でも明確に覚えています。そして、それは氣軽な習い事としてではなく、人生において様々なご縁と奇跡を生むものだと信じ込んでいましたので、何の迷いや壁を感じることなく、本場の中国で学ぶことを決意していました。そこから中国に渡り、当時、日本人としては前例がなかった、中国国家施設の武術の専門学校で英才教育を受けることができたこと、憧れで見ていた映画に出現していた歴史上の武術家から継承された方々に学ぶことができたこと。武術競技に参加し世界大会で金メダルを獲得するまでの経緯は今回は割愛させていただきますが、大尊敬しているブルース・リーの言葉を拝借すると「私は武術から全てを学んだ」という言葉の通りの人生を歩んでいます。

中国武術は元来、人を殺める術でも守る術でもありません。その発祥は紀元前まで遡ります。狩猟民族が狩猟の時、危険を伴い怪我をしたり、時には命を落としてしまいました。狩猟が成功した後、集落の酒宴でその狩猟法を演舞し、それを後世、子孫に伝授することによって、子孫の怪我や落命の憂いを取りはらうことが武術の発祥といわれています。そして、その狩猟法の鍛錬を集落で日常に取り入れると、別の地域で疫病が流行しても、日常の鍛錬による運動で免疫が高まり、疫病に伝染しなかったことが、運動と免疫の関係として発見され、さらに集落で狩猟法の鍛錬を集団で行うことにより、団結・結束力が強くなり、他の集落との争いにも勝利を収めることができました。中国武術は狩猟から集落争い、戦いの術として発展し伝達されてきましたが、現代においては、心身の自己鍛錬として、人々へ活力を与え、健康養生術を紹介し、生きる自信と幸福を提供することが役目となっています。

コーチとしての関わり

中国武術は、1990年北京で行われた第11回アジア競技大会より正式種目となり、これまで中国武術のみ単体で国際大会を行っていましたが、この年に初めて国際競技スポーツとしての位置を獲得しました。日本ではその後、JOC日本オリンピック委員会でも認められ、その頃、全日本強化コーチとして関わらせていただいていた私は同時にJOC日本オリンピック委員会の強化コーチとして国際大会や国内・海外での強化合宿の帯同強化コーチを経験させていただくことになりました。そこで私自身が競技アスリートとして経験したことのない問題に直面します。国際大会や国内外での合宿で初めて選手と生活を共にした時、その選手の中には、環境の変化と心身の疲労から最も重要な局面で怪我をしてしまったり、本来のパフォーマンスを発揮できないといったことが起きてしまいました。私は強化コーチとして技術的な部分とメンタル的な部分にのみ尽力していましたが、肉体的な面に関して、現場で発生した瞬間には医師にお願いするしか方法はありませんでした。そして、医師からの指導は「休むこと」「やめること」「投薬して様子を見ること」しかありません。特に国際大会では、長い年月をかけて目標を掲げて日本代表となり、夢にまで見てきた世界の舞台を目の前にして断念するか、全力で参加できない状況に直面した時に、ただ寄り添っているコーチである自分自身の至らなさと、管理能力の足らなさ、知識不足を痛烈に感じました。特に海外遠征での合宿や大会では、寒暖・乾湿の変化、食などが大きく変わります。日本から準備をして持っていくことにも限界があります。競技世界での医療は、怪我や病になってからの対処療法しかありません。日常の訓練の方法と、環境・食・メンタル面・肉体面を総合して高め、バランスを取るための知識や方法を習得する必要があると痛烈に感じたことを覚えています。

中医学との出会い

他の競技を含め、絶対的な強さを誇る中国とは、幼少期から訓練を受けていたことから、中国武術を含め、常に深いご縁がありました。その頃、強化コーチとしての悩みを多くの師匠に相談すると、全ての師匠が「中医学を学びなさい」と教えてくださいました。よく聞けば、全ての中国国家競技には種目別に帯同医（チームドクター）が存在し、普段の訓練時よりメンテナンス、食や休息、トレーニングの指導を、各選手、個々に対して体質や疲労状況を管理して行っているとのことでした。競技別にも異なり、同じ競技でも個別に異なった指導をするという徹底したマネジメントを行い、1人の選手に対して、帯同医とコーチの三者が技術的、科学的、医療的にも全ての情報を共有しているのです。しかも、それは各競技のコーチや監督が、各種目のどの動作でどのような怪我につながったのかの分析と原因が、概念化・数値化しています。全てのコーチがこれらを共有しているという驚くべきマネジメントを、中国全体で国のシステムとして行っていました。現在では、世界の有名アスリート（メジャーリーガー、プロゴルファー、プロテニスプレイヤーなど）へのメンテナンス、食や休息、トレーニングなどのアドバイスを帯同医である中医師が行い、日常のパフォーマンスを高めているという事実はいうまでもありません。中医学には治療する方法と、予防する方法はもちろんのこと、健康状態をさらに上昇させる、強化方法もあるということから、選手育成と競技力を高めるために中医学の世界に足を踏み入れました。その結果、2000～2007年の約8年間で育成した選手達に合計で200個を超えるメダルを獲得させることができたのです。

武医同源

歴史を辿ると多くの武術家は医術家であり「武術は身を守る」「医術は身を癒す」武術とは争いに非ず、相関・道理・心理を知り、医術は治療に非ず、活・仁慈・愛を知り、武術では〝武徳〟という他者に対する思いやりを高め、医術では〝医徳〟という人を活かす思いやりを高めることを意味していました。古来「軍事医学すなわち兵法なり」といわれ、それは医学の武術と呼ばれ、武術の鍛錬、怪我は疾患臨床医学のためのものであり、医学の発祥でもあります。人間の長寿のため、身体の陰陽バランスを得る必要があり、それには潜在的に持ち合わせている、人間本来の能力を引き出さなければなりません。「心身の鍛錬には武術」「精神・思考・知識には医術」、それらの「バランスを保つものは導引術（氣功）」となるといわれてきました。

武医同源：拳起于易、理成于医呀

武医同源：武から医を理解し、医から武を理解する。

一个〝教子〟（武师）半个〝郎中〟（医生）

一つの〝教え〟（武術）の半分は〝医者〟。

拳学讲究阴阳虚实、五行生克。中医也用阴阳虚实、五行生克辨证施治。

武術は陰陽虚実、五行をもって研究・鍛錬をし、医術は陰陽虚実、五行をもって病を治す。

两仪拳、武术技击、气功养生、中医诊疗为一体的两仪拳、由中医理论演绎而来、此拳种处处有阴阳之分。

両儀（陰陽）拳〝武術の攻防と氣功中医の疾患臨床医学は陰陽の関係〟中医理論より解釈され、これらは陰陽の関係にある。

以内气催力、锻炼五脏六腑、调解神经、能使幸身得到阴阳平衡、气血畅通、减少疾病、有养生益寿延年之功、很好的医治作用。

内氣を高め、内臓を鍛錬し、神経を調和し、陰陽バランスを整え、氣血を流すことによって、疾病を減らし、養生と長寿を得る方法。

中医学での健康の定義

人は必ず死を迎えます。その死の前には病となり、その前には不調の状態となります。中医学でいう健康とは、死を迎える前に病や不調の状態から『**回復できる**』ことを健康といい、病にならないこと、病を予防すること、病と闘うことではなく、不調や病とどう付き合い、どうやって回復に向かうかを考えるべきだと説いています。

自然の摂理と生活、食と運動（活動）と休息、このバランスが保たれている時、人は栄養が循環し、エネルギーに満ち、充実した精神になります。人は健康で活動的で楽しく幸せなことを「生きている」と実感します。病でないこと、怪我をしていないこと、医者にかからないことが健康なのではなく、活力に満ち溢れ、やりたいことができ、心身と活動と休息のバランスが取れていることを健康といいます。

中医学では常に体全体と環境から病を分析し、自然治癒力、即ち病に対抗する能力（免疫）の強化を最大限に高めることが最も重要とされています。

治すよりも整える

中医学では、病を治すことよりも体調を整えることに主眼を置いており、生命力を高めることによって治癒力を働かせているとも考えられています。「自然治癒力」と古くから呼ばれるその機能の中には「自己再生機能」と「自己防衛機能」があります。「自己再生機能」とは、体が外傷などを負った時に傷を治す機能、「自己防衛機能」とは、外部から浸入してくるウイルスと闘う機能で、つまり「自己再生機能」と「自己防衛機能」は「免疫」のことです。二つの機能は連携して機能することもあり、例えばスリ傷を負った時の治癒では、生体は浸入してくる細菌と闘いつつ皮膚を再生しているので「自己防衛機能」と「自己再生機能」を同時に働かせているということになります。

中医学での疾病の原因

中医学での疾病の原因は内因と外因といわれ、食を決めるのが、環境因子と精神因子と考えられます。何故、その味のもの、食材、量を食したくなるのかを追求せねば、健康を害する源は根絶できません。食は最も重要といわれますが、食の内容や物質的要素とは別に疾病の原因を追求しなければなりません。ストレスが多い、騒ぎ過ぎている、悲しいことがある、悩んでいる、身体が冷える、疲れている、氣持ちが落ち着かない、などによって食のバランスが変わります。

・食べ方（速度や順序）
・食材
・食べるタイミング（時間帯など）

この3つが最も重要です。

感情が身体に及ぼす影響

言葉によって引き起こされた感情が身体の弱いところに影響します。

・怒り過ぎると肝の理氣（氣血の巡り）作用の低下
・はしゃぎ過ぎると心の鎮静作用の低下
・考え過ぎると胃の消化作用の低下

・憂い過ぎると肺の免疫作用の低下
・不安が渦巻くと腎の生命作用の低下

中医学の上下、内外、表裏

人体の様々な反応は素直に出現します。

「上」とは特に精神活動に関係し、身体の上部を指し、最初に反応する部分で、外氣に最も触れる部分であり、その状態は上部に現れます。中医学弁証（診察）での「上」を見て観察する望診では、表情、目の力と動き、肌の状態、舌（舌診《※ぜっしん》）により、感情、情緒、思惟（思考）、精神など。聞診では、声、呼吸、話す内容や量。問診では睡眠、夢、記憶、竅（目耳鼻口舌）などの情報から様々な推察を行います。「上」とは「外」であり、「表」であるので、印象や外側、表面で、臓腑への影響が診て取れます。中医学で臓腑の上下とは、左記の順序となります。

※舌診　舌診とは舌の動き、形、色、潤い、舌の様々な部位に現れているものから健康状態を診る、中医学独自の診断（望診）法の一つです。

肺（体力・免疫）

↓

心（精神・情緒）

↓

脾（吸収・栄養）

↓

肝（調整・機能）

↓

腎（生命・老化）

人体の影響とは季節・季候による外邪と、感情・精神による内邪、加えてストレス、飲食などが挙げられ、その影響は右記の順に影響を及ぼしていきます。

「下」とは生命・老化に関係し、身体の下部を指します。様々な影響の結果、その状態は下部に現れ、歩き方、歩く音、足裏のバランス、下半身の筋肉、膝、股関節、腰への問題などは、体内、裏（奥）に及んだ結果が顕著に出現します。

中医学の学問としては、理論を学んでからはそれを自分自身の感覚まで落とし込むことが最も重要であり、単なる「知識」だけでは活用できません。自己実践し、経験し、臨床し、この反復によって常に基礎から応用を繰り返してこそ得られ、自分自身の「能力とする」ことです。

中医学と現代医学の未病の違い

中医学では「上医は未病を医し、中医は病みかけを医し、下医は病を医す。（原文：上医医未病之病、中医医欲病之病、下医医已病之病）」といわれています。

現代医学では〝未病〟という言葉がよく聞かれるようになりましたが、もしかすると中医学と現代医学でいう〝未病〟は異なった解釈なのかもしれません。

現代医学の〝未病〟とは「自覚はないが検査することによって病の可能性を見出すもの」に対し、中医学の〝未病〟とは「自覚なく、検査しても何の異常の可能性もない状態で病に向かう可能性を見出すもの」です。具体的にいえば、現代医学では、自覚はない状態で検査をしたところ、レントゲンやMRI、血液検査などより、異常なものと比較して視覚的に数値などで表し、数値的に身体の異常とされるものを見出すものです。

中医学では、話し方や声のトーン、目の光や、皮膚の質や色、髪の毛、爪、匂いや呼吸音などの情報を収集し、思考や活動時間帯、最近の季候を加味した上で、今、その瞬間の心身の状態がどういう生命活動（思考、感情、食、睡眠などの休息、活動や運動）に影響が出ているかを総合して、病に向かい始める可能性と兆候を見出すものです。

人は必ず元気で健康に生きている状態から、病となり、死を迎えます。現代医学は病の治療方法をもとに、その予防法を研究した学問です。中医学も同じですが、どのような要因がどのような兆候として現れるのかが付け加えられます。まとめると、以下のようになります。

未病を医す…養生法
病みかけを医す…予防法

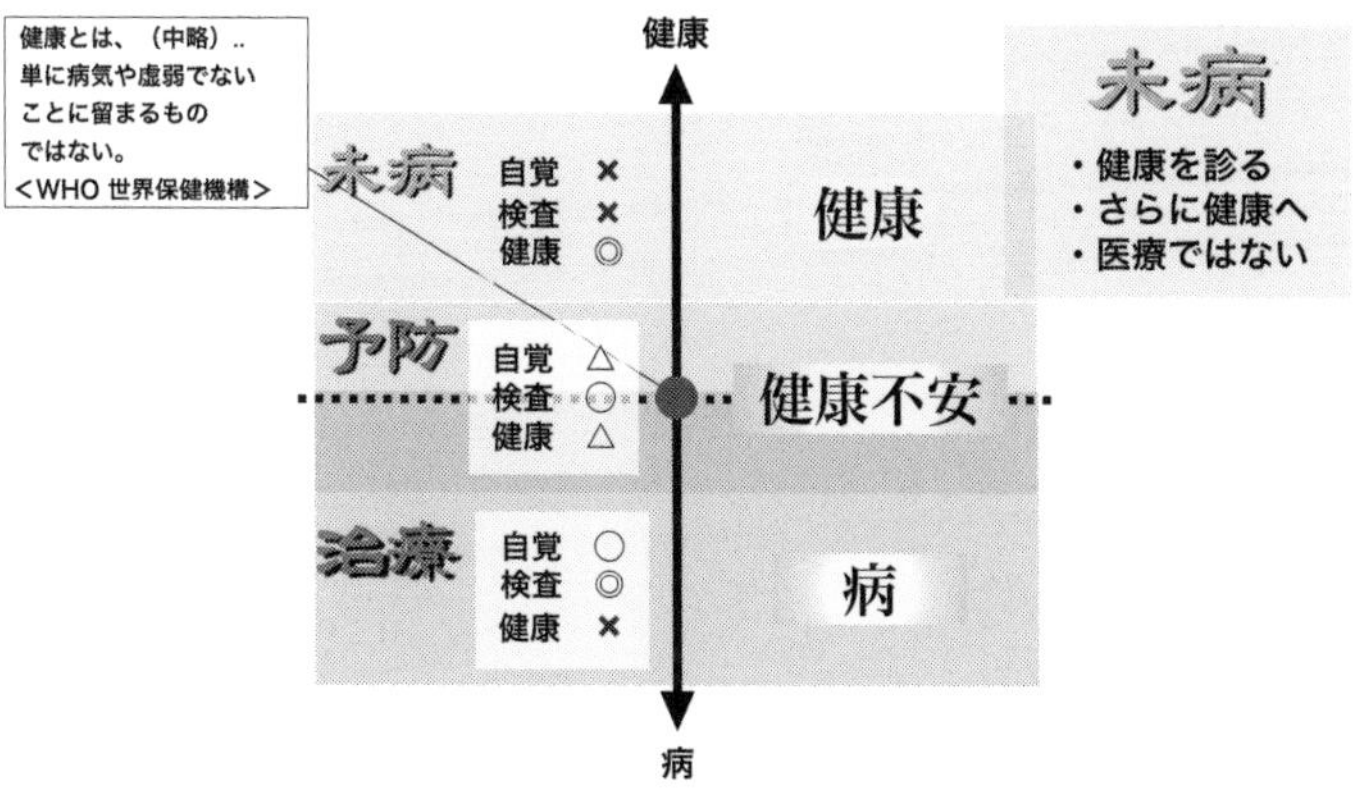

病を医す…治療法

「養生」とは生を養うことであり、「どう生きるか」に焦点が絞られてきます。その根底には、病にならないためでも体調を崩さないためでもありません。「生きる」という発展的かつポジティブな方向で捉えるものです。

中医学とは

中医学は『自然』と『感性』の医学です。「陽が昇れば活動し、陽が沈めば休息する。暖かければ綻び、寒ければ塞ぐ。乾けば軽くなり、湿れば重くなる。人類が最も課題とする長寿、老化、病。」その課題を改善すべく自然の中の『人類のありのまま』を説いたものです。

中医学は〝独自〟の生理観や病理観をもち〝独自〟の診断や利用方法を持つ、ひとつの体系化された伝統的な医学です。その特徴は、病になる前の状態をいち早く察知することを最も優れた医療技術と考え、「病の兆し」を上、「病の初期」を中、「病を発見・治療」を下といい、これらは上・中・下のレベルの医療と考えられています。何故なら病は、病になってしまうとその回復には大変な時間と労力を要し、回復しないこともあると考えられるからです。中医学では病になることを察知できなかったことを最も問題視するものに対し、現代医学は、様々な治療法、より詳細な検査法が日々発展しており、科学的、物質的な研究によるもの、多くの臨床、多くのデータをもとにその病の原因を追求しています。

中医学と現代医学に足りないもの

中医学に足りないことは、伝統で伝えられてきたまま解釈することです。人類の発展によって、多くの変化がありました。家屋の気密性や季候（温度や湿度）に対する適応性、天変地異に対する耐久性、生活に不可欠な水場の利便性など（トイレは家屋内でも臭わなくなり、火を使うことも安全かつ便利になった）、人々の服装やファッション、食の変化、情報の量や交通の利便性など、2500～3000年前に発祥したともいわれている中医学ですが、人類の様々な発展により目覚ましく変化しました。中医学を現代で実践的に活用するには、発展した現代とどう噛み合わせるかが重要であり、古書にあるままの状態では活用できるところとできないところがあることです。

現代医学に足りない点は臨床・研究によって見出すあまりに、結果に対する原因を絞り込み過ぎているところにあるのではないでしょうか。私たちは個々に条件が異なります。体質、習慣、性格、食、地域、文化、風土、環境、仕事などです。これらの条件が異なる以上、臨床・研究の中で最も多く出た結果のみを全ての原因と捉えることは、確率は高まりますが、全ての人の原因がこれに当てはまるとは限りません。臨床・研究の結果以外は見向きもしなくなってしまう可能性があるということです。

現代医学という高い水準まで引き上げてきたものをより活かすには、もしかしたら物質的ではない非物質的で非科学的なものを融合することであり、それによって医学は完成に近づくのかもしれません。中医学では目に見える物質を【陰】、目に見えない非物質を【陽】と捉え、全ての事物はこの陰陽が共なることによって一つのものとなると考えられています。感覚、感性、生命力、エネルギーによって「病になる前に察知する」ことを最上位と考えることが中医学です。そこに現代医学を融合させることにより、さらに高度な医学になるのではないでしょうか。

限られた生という時間

中医学の源となっている医学書『黄帝内経』では、2500～3000年前も、今も同じ不養生が語られています。

「人は酒をまるで水のように飲み、心身にストレスをかけ、酔ったまま房事にのぞみ、精氣や真氣を消耗させ、それを補充することなく、精神を落ち着けずに一時の快楽にまどわされ、長生の楽しみに逆らい、生活に節度がない。故に50歳を過ぎれば衰える」

3000年の年月が経過してもなお、同じ問題なのであれば、人類の生命については物質的研究で見出せるものはあるのでしょうか。病にならないこと、寿命を延ばせないことの原因は全て人類が作り出し、行動も思考も人類自身がその寿命を短くする原因を選択していることになります。研究や臨床で得たデータによって病の予防や延命する方法は人類の精神・活動・発展とは逆行するものとなります。「睡眠や休息を削り、余暇や季節を楽しまず、常に精神を追い込み、忙しく食す」限られた生という時間をどう使うのか、

1秒の無駄もない貴重な時間をどれだけ大切に有意義にするかは、全て自分自身が選択し、決めることです。

中医学から見た現代の傾向

中医学の起源では、主に自然災害の際に家屋や食物の問題が多くあり、これらが人体に及ぼす影響が多い中で、どう生きるのか、また、どう対処するのか、その影響が人体に及んだ時、どういう反応が起きるのかを整理し、自然と人体との関係を説いてきました。

長い年月をかけ、我が国でも大きな文明の発展がありました。特にここ50年ほどの間は目覚ましい発展を遂げ、不自由のない快適な生活条件を叶えられたと思います。その発展によって、人体への影響は、減少したものと増加したものがあるといえます。減少したものは、栄養不足や家屋による季候（外環境）からの影響によるものです。では、増加したものは何でしょうか？　結果論になりますが、現代の病で最も多いのはガンです。続いて、心疾患、脳疾患となり、特にここ最近では、大腸ガンや肺ガン、女性では4人に1人は発症するといわれている婦人病の原因は何なのでしょうか？　現在、マスコミなどでは、〝食〟に焦点を絞っているようですが、中医学的にはそれは一部分ではありますが、さらに大きな要因があると考えられています。

現代での中医学観点での大きな問題点は〝**熱**〟です。現代の健康に対する知識としては身体を温めることこそ大切なことだと定義づけられておりますが、それは間違いではありません。ここでいう〝熱〟とは精神的および肉体的な「興奮状態」を指します。人体はある意味「生かされて」います。意識しなくても生命は寿命のある限り生き続けています。その生命の源は〝熱〟です。中医学ではこの〝熱〟のバランスを保つことに特に注視しています。生命に必要な〝熱〟が過剰になると、体内の水分を乾かしてしまいます。体内の水分とは所謂〝潤い〟であり、この潤いである水分は熱が過剰になり過ぎないように冷却を司り、さらに〝潤い〟は皮膚を守り、現代医学での粘膜に相当する「免疫」に関わる部分になります。中医学でも現代医学でも、水分が不足して問題が出る臓器は肺と大腸です。呼吸器系統から直接繋がる肺は、粘膜という潤いが不足することにより免疫が低下して病になりやすく、大腸は排泄するまでの水分量が不足すると便が乾き、便秘になったり、大腸に熱がこもり、ポリープなどの発生の可能性が出てくると考えられています。

中医学ではこの関係のなさそうな肺と大腸は陰と陽（表と裏）と表現され、これらの臓器が行っている働きは免疫や自律神経系統と考えられ、その不調の兆候は、外的ストレスを最初に受けやすい皮膚、体表、鼻といわれ、乾燥に弱いと定義されています。さらに熱は中医学で燃える火に例えられ、その臓器は心臓とされ、熱の過剰は心臓に負担がかかる（血圧の問題や脈の速度）といわれています。そして、中医学でいう心臓は「脳」に例えられ、熱の過剰は脳への影響が起こりやすく、思考、睡眠、精神疾患、脳障害の可能性が出てくると考えられています。先に述べました、〝熱〟は大腸ガン、肺ガン、心疾患、脳疾患に付け加えて、若年層に多く見られる精神疾患の原因と考えられるのではないでしょうか。

中医学的にこの〝熱〟が過剰になる原因は3つがあります。

(1)睡眠
(2)情緒・ストレス
(3)食

(1)睡眠については、睡眠時間を取っていても、その時間帯が重要とされます。中医学では「夜は陰を養う」といわれており、ここでいう陰とは身体の水分を指します。夜遅くに寝るという習慣や睡眠時間の不足は肉体を乾かしてしまいます。徹夜をしたり、睡眠不足になると、心臓がドキドキして脈拍が速くなったり身体が熱くなったりしたことを経験したことがある方も多いはずです。逆に、眠りが悪い人や寝つきの悪い人は身体が火照ったりすることも多く、これも心臓の熱（火）が高くなり興奮状態になってしまっていることが原因と考えられています。

(2)情緒・ストレスにおいては、最も多く見られる原因であり、心身ともに休みたかったり、疲れていたとしても「やらなくては！」「頑張る！」「○○しなければならない！」という心身に鞭を打つ思考が興奮となります。さらに本当に嫌なことだけではなく、同じことを長時間行うこともストレスとなり、「ストレスを受ける」とは、現代科学では血管が硬く細くなり、血流が悪くなる状態をいい、体に冷えや倦怠感を及ぼします。ここに前述した「やらなくては！」「頑張る！」「○○しなければならない！」という〝熱〟を燃やしてしまいます。

(3)食については、中医学の**「薬膳」**を勘違いして解釈されている方がいらっしゃるかもしれません。なんでも温めることを良しとされているようですが、実は異なることもあります。人体は老いたり、過労したり、病んでいくにつれ、睡眠に障害が出たり、感情的になりやすかったりします。これは中医学でいう生命エネルギーである「腎」機能の低下と考えられ、腎の働きは水に例えられ、この水である腎が過剰な熱を冷却する役目となります。「腎」機能の低下の時に適した食は〝冷却、鎮静するもの〟となることもあるので、何でも温めるということが良いとは限りません。「薬膳」で最も重要なことは「身体に良いもの」ではなく、中医学に基づいて「その人の、その時の状態に合ったもの」を食すことです。

さらに食の観点では、現代人の多くの方々が「早食い」であることが消化器系統に負担をかけ、俗にいう「胃がムカムカする」という状態ですが、これは悩みが多かったり考え過ぎたりするというストレスも要因となります。そもそも「早食い」は忙しかったり、興奮が高いことが原因となります。

中医学で「ムカムカ」という現象は〝湿熱〟と言われ、むくみや脂肪の増加の原因となり、体内水分の粘度が上がって、サラサラと流れない水分は滞り、熱を冷ますことができず、熱を生むといわれています。

手足の冷え、冷え性などの方も、身体が冷えているのではなく、全身に行き渡るべき体内の熱が、頑張っていたり、ストレスや忙しい時間を過ごすことにより、熱が身体の中心や身体の上部へ偏り、その結果「冷え」を感じてしまうのです。生命を維持するのに必要な熱を、より生命を維持するために身体の中心部に集められてしまうということは、よほどの過労やストレスがあると考えてよいはずです。自分自身では、まだ大丈夫と思っていても、身体の素直な反応として捉えて心身のリラックスにつとめてください。サーモグラフィで人体を見てみると、最も熱が全身に行き渡るのは、幸せを感じているときだといわれています。常に平和な暮らしができていること、家族が健康で幸せを感じることによって、人体の回復や免疫は高まると中医学や導引法（氣功）では唱えられてきました。

これが中医学の、健康をさらに高め、回復を早めて免疫を高める養生法の一つです。生命を維持するのではなく『生きる』。『生きる』とは「治療」でも「予防」でもありません。どんなに治療しても病は再発し、どんなに予防しても病になります。人の身体は物質のみならず、環境や感情、情緒、感覚によって、心、身体、活動のバランスに影響を及ぼし、その調整として全ては変化し、回復のための反応が出ます。調整とは常にバランスを保つことではありません。常に過ごしやすい環境が良いのか？　常に労力が伴わなければ良いのか？　常に便利であれば良いのか？　自然環境は常に変化しています。春夏秋冬、暑湿燥寒、朝昼夕夜。感情や感覚は常に反応します。喜怒悲憂恐驚、視触味嗅聴。様々な変化に反応し、現状では対応できない時、調整が行われます。寒ければ暖をとり、暑ければ冷やす。臭ければ塞ぎ、香れば嗅ぐ。見苦しければ閉じ、美しければ開く。全て自然な反応と調整を行っています。自然治癒力、自己回復力、免疫とはバランスが崩れた時、またはは崩れそうになった時、それを調整する能力です。その調整は肉体へアプローチするもの、精神や感覚にアプローチするものがあります。何故なら、原因は精神と肉体の両方にあり、その精神・感情・感覚と物質的に肉体をつなぐ法則というものを伝統歴史文化的な観点で見る方法も参考にすべき時がきたのではないでしょうか？　数千年も前から人類は生まれ、繁栄し、進歩することにテーマとなる「不老不死」。現代までその「不老不死」が手に入らなければ、必ず老い、死を迎えると歴史的遺産の最も根源となるものは教えてくれています。必ず死を迎えることから逃れられないのであれば、「どう生き進むか」と「どう死を迎えるか」しかないのです。この二つのテーマにのみ焦点を絞って人生を生き抜くべきです。

『生きる』とは「感じる」こと

中医学での自然治癒力を活性化する方法

(1) 心のあり方を整える
(2) 食・運動・休息など生活習慣を整える
(3) 氣の流れを良くする生活を心がける

自然治癒力を高めるには、生命の原点に還り、自然との調和を最も考えるべきであり、好きな音楽を聴いたり、好きな香りを嗅いだり、自然を感じ、自然の恵みを感じて好きなものを食べ、穏やかでリラックスし、深い呼吸をし、活力に満ちたワクワクした心になることによって自然治癒力を活性化することができると考えられているのです。

先人から伝えられてきた中医学を知った上で、私達人類の真の「本能が喜ぶ生き方」をしていくべきなのではないでしょうか。

波動の輪こそ我人生の羅針盤

野田　智宣

私はこれと言った特別な能力を持ち合わせているとは思いません。それと子供のころから霊的なことや超能力のような特殊な事例に出合ったことも経験したこともありません。また、本書に登場する方々のような専門的な知識や技術を持っているわけでもありません。しかしそんな私が何故、このような本を書き、最先端の量子振動分析調整器のオールワンに関わることができたのでしょうか。

その答えは、ただの偶然としか言えないのです。

でも昔から、何かに導かれ後押しされていたということはあったような気がします。幼きころ、特に年末年始など親族が集まると、私は家族の中でも異色な存在だったようです。行員の親戚から将来会社を興すだろうなどと言われていましたし、自分で言うのも恥ずかしいのですが、きっと何かするだろうなという漠然とした感覚はあったような気がします。

これまでの道のりは常にトップでいてバラ色の人生ということではありませんでしたが、転換期にさしかかると誰か必ず後押ししてくださる方が現れてくれました。

私は二十年くらい大企業でエンジニアとして電気の仕事をしていましたが、その二十年間は不思議な体験の連続でした。配属、転勤、出向、そしてユニオンの立ち上げなど全てがいまの仕事のために仕組まれたのではなかったかと思うほどです。このサラリーマン時代、いろいろなことで行き詰ったり、人間関係で窮地に立たされたりしましたが、各ステージで適切な「直観」や「閃き」が芽生え、そのたびに乗り越えてきたような気がします。自分で言うのもおこがましいのですが、本当に私は凡人中の凡人だと思っています。生まれつき持った才能があったとか、人一倍努力したとか、全くないのです。

それとも何となく恵まれてきた私の経験は特別なのでしょうか？

そうでもなさそうです。著名人の伝記などを読むと、人生の転換期などでは、説明のつかない「直観」があったようです。

波動の定義

では「直観」や「閃き」とは何なのでしょうか？　私は、これを「波動」と解釈すると面白いのではないかと思ったのです。何か地の果てに〝叡智の泉〟があって、そこから常に智の波動が発信されている、その波動が何らかの形で自分の周波数と共鳴や同調することで智が自分の意識に入ってくる。それを自分の知恵とミックスさせることで「直観」や「閃き」が生まれてくる、そんな風に思ったのです。そうすると何となく面白そうですよね。

波動とは何でしょうか。よく調べてみると、「波動」には周波数・波長・波形・振幅というものが代表的なもののようです。それらが共鳴、共振、同調することで現代社会に近づき、どう実用化されていくかを考えるのです。

例えば、東京スカイツリーからはテレビの様々な周波数・波長・波形・振幅が出力されています。我々はテレビの電源を入れて選局するだけで、選んだテレビ局の周波数・波長・波形・振幅が同調しディスプレイに映し出されるのです。このようなことが人間には太古の昔から備わっていたのだと思います。

この同調力を研ぎ澄ませておけば、「直観」や「閃き」は叡智の泉からどんどん押し寄せてくるのかも知れません。

人間の知識の収納力に限界があるため、受け取れる叡智は意図的に制限されているのでは、と思うくらいです。個人的には、地の果ての〝叡智の泉〟がいったいどこにあるのか、と今後は冒険旅行に出かけてみたいところです。

話は変わりますが、叡智の泉と人間との波動の同調ではなく、同一人間同士の波動における同調についても考えてみたいと思います。恋人や夫婦、気の合う仲間、ビジネスパートナーなどはもちろんのこと、思想や感情などに共感できる人間は同じ波動を持っているのでしょうか？

しかしそうとも限らないと思います。このケースの場合は、どちらかが、もしくは両方が相手の波動に合わせているケースがあると考えます。それは一人のほうが心地よいのは80MHzの波動であるとします。もう一人は、本来であれば心地よい波動は81MHzなのに、80MHzに調整して相手の波動に合わせるのです。片方は無理していませんが、もう片方は無理をしているので、本来の81MHzに戻った瞬間にミスマッチが発生しています。そこで見事に関係が崩れてしまうのです。

こういったことが日々発生していますから他の人に合わせるべく自分の波動を変調している人は疲れてしまいますし、本当に合った相手に会うことなどできないのだと思います。

冒頭で書きましたように私はいま、最先端の量子振動分析調整器のオールワン（AllOne275）の普及とサポートに力を注いでいます。

波動の合う人と合わない人

このビジネスをスタートさせたとき、沢山の人たちとお会いすることができました。量子波動分析調整器に興味のある方、ビジネスに興味がある方が、毎日我が社にいらして体

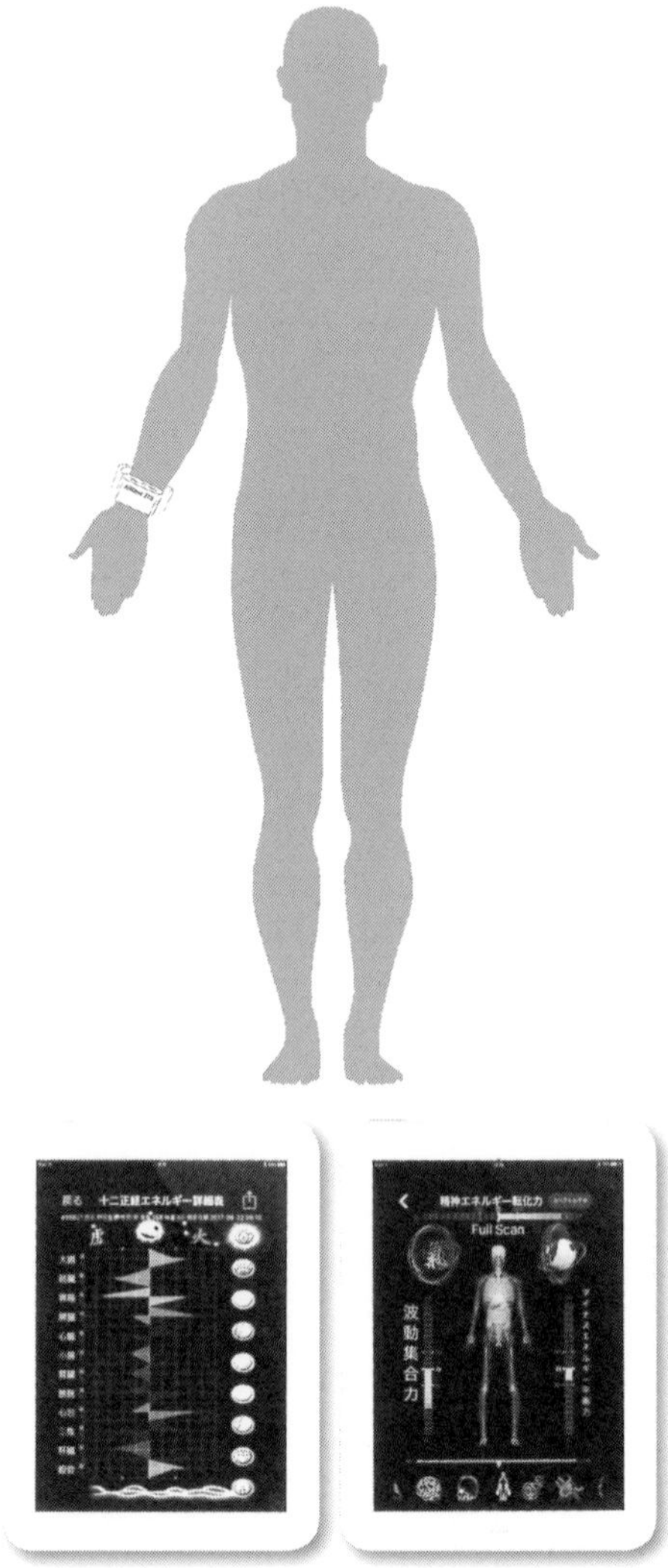

■アプリと連動させて使用する量子波動器　ALL ONE-275

験をされたり、ビジネスの協業提案をしてくださったりと本当に忙しく寝る暇もありませんでした。

しかし残念ながらそのころにお会いしていた方で、今でもお付き合いしているのはほんのひと握りの方です。「時間を返せ」と言いたくなることもありましたが、いま思うと相手も波動を私に合わせていたのではないかと思います。こんな私に合わせていた人は本当に大変だったでしょうね。

私も相手に合わせようと波動を必死に調整していたのだと思います。互いに良いことはなかったわけです。

その日、信頼のおけるビジネスパートナーが「ビジネスではポリシーを明確に」とアドバイスをくれました。そのひと言で「全ての方に笑顔のある豊かな人生を提案したい」というポリシーを掲げてからは、いつしか相手に波動を合わせることをしなくなりました。そうするとどうでしょう。素の波動の合わない人たちは離れていってしまったのです。でも離れていった皆さんからは、「様々な気づき」を教えて頂いたのでむしろ感謝しています。

いま一緒にオールワンのビジネスしているメンバーはというと、実は出会ってから一番長くて9ケ月です。しかも、これまでの私の人生の中で出会ったことのないような職業や、様々な年齢の方なのです。本来ならば上手くいくことはあり得ないし、それに話していても疲れる筈なのですが、それが何故かタイミングが良くいっているというか、互いに相手を理解し合えて尊重できているのです。しかもごく自然に。不思議なことに長年付き合っているような感じがするくらいです。皆さんが素のままの波動で生きている方なので、何も無理せず、波動も同調しているのでしょう。このメンバーと話していると自然と笑顔になりますし疲れにくいのです。

何故なんでしょうか。私は、まさにどこの波動と同調するかがカギではないかと考えています。目で見える物体の波動か、気功のような氣の波動か、それとも無意識なうちに察知する霊的な波動なのか。この中でも霊的なものや氣のレベルで波動が同調した相手と上手くいくのではないでしょうか。このレベルだと年齢、性別、職業などの概念が全くない。だから自然に打ち解けると私は思っています。

もし各レベルでの波動が目で捉えることができるようになれば……

これが究極の笑顔倍増方法かもしれませんね。そして本当に合った仕事、職場、家庭、結婚相手などを見つけることができる。そんな時代がやがてやって来るのもさほど遠くない気がします。

波動の見える化

では、これまで頻繁に出てきているオールワンとはいったい何でしょうか？

オールワンとは、人間の身体にある２７４種類の細胞の振動を調律する人工細胞と考えています。細胞の持つ特定の波長の変化を読み取ることによって現状と未来を分析し、最適な調整方法を提案できる最新鋭のウェラブル端末です。しかもＡＩ（人工知能）やクラウドシステムにも利用されているという、未来を感じさせるものです。

言わば理論的には量子力学の知見がベースになっているのですが、ただ「全ての物質は波動である」という理屈に従って量子力学が応用され、全てであるという非科学的な話は好ましくありません。

このような間違った情報やトークがオールワンにおいては発信されないようにしなければなりません。

オールワンを多くの皆さんに体験していただくことによって、その性能に感動を覚えられ、実体験からもオールワンは本物であると理解されることを私は痛感しています。すなわち本物だからこそ、それを愛する人の輪は次第に広がるのです。最初のころは点だったものが、この本の共著の皆さんからの持論と情熱のパワーに後押しされ、その一つの点が核となって形となって増えてきました。そしていつしか輪になったことで、オールワンが本物であることを自他ともに証明しています。

冒頭で書きましたとおり、私には特別な技術や知識はありません。それに過去には自慢できることなど何一つなく、恥ずかしながら不誠実なこともしてきました。そこで、これからはどういうスタイルで生き、ビジネスに取り組んでいこうかと悩み、彷徨っている毎日です。

まず、決めているのは「みんなの笑顔のために」というフレーズと思いを持ち続けたいということです。これさえ常に保てれば、良い波動を呼び込み持ち続けることができると信じています。

共に考え、一緒にビジネスの輪を作ってくださった佐藤晃一さん。笑顔の大切さを医学的視点から教えて下さった武井こうじ先生。そしてSSI株式会社の4名の女性経営者（原亜由美さん、鮫嶋明子さん、櫻井直子さん、冨田鼓さん）の各位に対して心から感謝しています。これからも、ご一緒にいくつか波動の物語を作っていきましょう。

これからもきっと多くの方との出会い、ふれあいがあるのではとワクワク、ドキドキしています。そしてそれぞれの分野で活躍している皆さまが、一人でも多く我々の波動の輪に加わって下さることを期待し心待ちにしています。

コラム● いまの世に求められている学びの場

グローバル化の進展、AIやロボット技術の進化など、かつてないスピードで世の中が変わりはじめています。そこで求められる人材や働き方も大きく変わってゆく中、これからの教育はどうあるべきなのでしょうか。

これからの社会で求められる力とは

現代人の生活に欠かせないようになったスマートフォン。例えばこのスマートフォンでさえ、たった10年前はここまで社会に浸透していませんでした。振り返れば驚くばかりの激変です。それがさらに加速する未来では、社会で求められる力も大きく変わるのは間違いありません。これからの教育には社会の変化に合わせてスピードが劇的に早くなることが前提条件となる必要があります。

アメリカの調査では、「小学校に入学した子どもたちの65％は大学卒業時に今は存在していない職業に就くだろう」という予測が発表されました。その背景には人工知能やロボットの進化があるのですが、日本でも人工知能やロボットに代替される可能性の高い労働人口は全体の半数にも上ると言われています。
　これからの「変化が激しく予測できない社会」において必要とされるのは、身につけた知識や技能を活用し、価値を創造していく「学び続けられる人」になります。では、こうした人をどうやって育成していくのか。それがこれからの大きな課題です。
　「何を学ぶのか」ではなく「どのように学ぶのか」そして「何ができるようになるか」ということがもっと重要になります。ですから授業のあり方も「教える」から「学習する」へ変わっていくことになると思います。

　重要なのは、学びの場を巣立ってからもネットワークづくりが必要だと考えています。学校を卒業したら終わりの考えがあると社会に出てからは全然繋がらない。だから、卒業しても繋がる何かを考えていかないと全く意味ないかなと思います。卒業した方と地域や会社がつながってネットワークを作る。こんな循環をしていけば学ぶ意欲も湧いてきます。

　我々は学校の選び方はもっと自由であるべきだと考えています。「この学校に行ったらこんなことが身についたよ」というような、〝単なる広告ではない情報〟をもっと提供していきたいです。ファミレスやファストフードでメニューを見て食べるものを決めるように、学校を選びたいのではないでしょうか。与えられて選ぶのではなく、自分から主体的に選ぶようになればいいなと思っています。

社会の変化に合わせて教育が進化していく中で、学校も柔軟に変わっていく必要があると強く感じます。

平成銀座雑学大学

働くとは人を幸せにする、社会に今までにないものを生み出すこと。だからこそ学びは職業訓練ではなく、人と認め合い、支え合える、人間性を育むこと。つまり「人の喜びが自分の喜びと感じられる人を育てること」なのです。

急激な社会の変化に対応するため、また笑顔で健康に生きる道を示すため、武井こうじ学長のもと平成銀座雑学大学は新たなステージにたたされました。

当学は学ぶ方のケア、巣立った後のワーク支援、健康ケアも提供できる新しい心と生活の健康を全面的にバックアップできる斬新な学びの場です。

受講者の制限はありません。学ぶ意欲のある方、ステージアップを望まれる方、生き生きと生活をエンジョイされたい皆さま大歓迎です。

講師陣は本書にご出馬します著者の皆さまがメインです。いずれも十分な経歴を持っていますのでご安心ください。

受講者の方には、それぞれのステージに合わせてカリキュラムを用意しています。いま話題の量子力学から、今後の総合医療に必要となる中国伝統医学もカリキュラムの一部です。

平成銀座雑学大学では「社会病理回避相談室」を用意し不登校、いじめ、対人関係、心の疲れを話せる場所が用意されています。

それと隣接校でもありますセントポール国際大学と提携して開かれました。学士、論文博士から名誉博士に至まで取得できる道も開かれました。これまで学ぶ機会に恵まれなかった皆さまにはよきチャンスであり朗報ではないでしょうか。

平成銀座雑学大学では学びの格差解消も重要なポリシーの一部なのです。

特に、「健康管理学指導士養成科」では、医療における問題解決スキルである〝コミニュケーション能力〟を身につけ、様々な医療機関や治療院などで活躍できる人材を育成していきます。

単に資格の合格を目指すだけでなく、将来、医療関係者、技術者として必要な知識と技術を学ぶ効率的なカリキュラムとして受け継がれていくと思います。

あなたもこれからの社会を担う重要な人材として期待されるようにあるための新しいスタートをしてみませんか?

平成銀座雑学大学 副学長 野田 智宣

Personal AI for Own Satisfaction

（パーソナル・エーアイ　フォー　オウン・サティスファクション）

課題解決コンサルタント

佐藤　晃一

私の人生理念とパーソナルＡＩ・・

私の人生理念は、
「すべての今を受け入れる。そして、潜在的ニーズに合わせて、美しく創り続ける。」です。
そして、豊かな世界ができることを目指しています。

世界は「個」の集まりです。「個」の集合体が世界です。

「個」が自分の人生に満足し、豊かになり、
豊かな「個」が集まることで、
豊かな世界になります。
何よりも、「個」が豊かになるための「個」の満足が大切です。
そして、「個」の満足は、それぞれの「個」によって異なります。

その〝それぞれの「個」〟に対応するパーソナルＡＩが、それぞれの「個」が豊かになる手伝いをし、その集合によって、さらに豊かな世界が実現する、と確信しています。

もしも、静かな場所でこの本を読んでいるのであれば、
深呼吸をしてから、この本を読んでください。
ゆっくりと4秒かけて息を吸って、7秒止めて、8秒で息を吐いてください。

Personal AI for Own Satisfaction とは、
あなた自身が満足するために個人化されたＡｉです。

あなた自身の満足とは・・

あなた自身の満足とは何ですか?
あなたは、何を持っていると満足できますか?
あなたは、どんな状態のときに満足ですか? 満たされますか?

それは、あなたの中にだけあります。

あなたは、それを、イメージできますか？　表現できますか？　確信が持てますか？

それを見付ける手助けをするのがパーソナルＡＩです。

あなた自身の人生の目的を見付けられるよう、パーソナルＡＩは、導くことができます。

そして、見付けた人生の目的を達成するための様々な手段の提案をパーソナルＡＩが行います。

一般的な学びの方法や体験の場の提案を行うことは、一般的なインターネットやＡＩでも可能です。

しかし、あなただけのためのピッタリの手段の提案を行うことができるのは、パーソナルＡＩなのです。

注意！一流のマジシャンが目的と手段をすり替えます・・

ここで一つ気を付けないといけないのは、
一流のマジシャンが目的と手段をすり替えてしまうことが、しばしば起きる、ということです。
そして、この「一流のマジシャン」というものは、皆さま全員の中に存在しえます。そのためあなた自身の満足を得るためには、この課題を解決する必要があります。

まず、私の体験談をお話しします。

コスト削減のための策を練るためのミーティングを行うことになりました。
しかし、のっぴきならない事情により、ミーティングに遅刻しそうになりました。
そこで私は、タクシーに乗ろうとしたのです。

この時、手段が目的にすり替わったのをお気付きでしょうか？

本来の目的は、「コスト削減」。

そのための手段が、「ミーティングを行うこと」。

しかし、ミーティングに遅刻しそう、という突発的な状況が生じた時に、手段が目的にすり替わったのです。


「コスト削減」ではなく「ミーティングを行うこと」が目的になりました。

この入れ違いは、す～っと、まったく気が付かないうちに起こります。

そう、まるで一流のマジシャンが行っているかのように。

私は、何も気が付かずに、タクシー代を支払い、

「コスト削減」のためのミーティングに向かいました。


ビジネスをやっている方はわかるかと思うのですが「話のための話のミーティング」ってありますよね。

それも同じようなことです。


このようなときもパーソナルAIが役に立ちます。

もうひとつの例として、ダイエットにおける「一流のマジシャン」のすり替えを見ていきましょう。

そもそも、何のためにダイエットをするのでしょうか?

もちろん人によってダイエットの目的は色々あるかとは思いますが、美しいボディになり、自分に自信を持ち、それによって、自分自身の中にあるエネルギーが満たされ、何か行動に移せるようになり、そして、何かを達成し、何かを得る、ということではないでしょうか。

つまり、その「何か」が目的で、そのための手段としてダイエットをする、ということです。

しかし、ダイエットをすることが目的となってしまうことが、現代の女性の中ではしばしば起こっているように思います。

目的をダイエットに設定してしまうと、食べたいものを我慢して食べないようにし、減量し、細くなり、身体エネルギーを減らしたうえ、さらに、痩せなければならないという自らが自分に課した目的がストレスとなり、心のエネルギーをも減らしていきます。

そして、心のエネルギーが減ってしまっているので、自分自身の心（無意識）が悲鳴を上げている、ということにも気が付かなくなってしまうのです。

無意識が悲鳴を上げ、無意識をコントロールできなくなり、結果、リバウンドしてしまうのです。

これを、何度も繰り返す。ダイエットをし、身体のエネルギーを減らし、心のエネルギーを減らし、リバウンドし、そしてまたダイエットをする、ということを何度も行い、繰り返していく。そのように思います。

この課題を解決するのが、パーソナルAIです。

パーソナルAIが、このような目的と手段のすり替わりに気付かせてくれます。

ここで少し、目的と手段のすり替わりを量子力学の観点からも見てみたいと思います。

量子力学では、意識化されていないもの、言語化されていないもの、つまり、無意識は「波動」です。

意識化されたものは「粒子」となります。

先ほどの話でいうと、目的は無意識のままの「波動」であり、手段だけが意識化され「粒子」となっていたのです。

つまり、「ミーティングをすること」や「ダイエットをすること」という手段だけが意識化された「粒子」であり、

「コスト削減」や「何かを達成し、何かを得る」という目的は、無意識のままの「波動」だったのです。

このような時に「一流のマジシャン」に操られないためには、

この「コスト削減」や「何かを達成し、何かを得る」という目的を無意識にある状態から、しっかりと意識化し、「粒子」にすることが必要なのです。

パーソナルＡＩは、その「波動」である無意識の声を拾ってくれます。

無意識の声を拾って、その無意識のままにある目的からぶれた時に、そこじゃないよって軌道修正してくれるのがパーソナルＡＩの大切な役割です。

実は、日常生活においても、あなたの目的からぶれたときに軌道修正してくれるものは、他にもあります。

父親、母親、家族、友人、私のような課題解決コンサルタント。

その時、あなたの心の中では何が起きますか？

「私の何を知っているの!?」「余計なこと言わないでよ！」「じゃあどうしたらいいのでしょうか!?」という無用な感情がわくかもしれません。

思春期の「うるせーくそババア」のように（笑）。

でも、これをパーソナルＡＩが軌道修正してきたら、どうですか？

「うるせーくそババア」ってなりますか？？

スマホをぶっこわしますか？？

そもそも、AIに文句を言っても仕方ないですし、

何より、パーソナルAIは、自分が設定した自分の鏡であり、自分の分身なので、パーソナルAIに軌道修正される、ということは、自分自身に話しかけられ、自分自身で軌道修正するという、いわば「内部対話」をしているようなものです。

自分の中の「内部対話」であれば、素直に受け入れることができるのではないでしょうか。

今まで、多くのテクノロジーに人類は左右されてきましたが、

ついに、人類がパーソナルAIに教え、自分が教えたパーソナルAIが自分自身の目に見えない無意識を察知し、これを自分に教えてくれる、という時代がやってきました。

無意識をどうやって察知する？

では、パーソナルＡＩは、どのように自分自身の目には見えない無意識を察知することができるのでしょうか？

この課題を解決するためには様々な壁があり、私はこれを解決するために多くの時間を費やし考えました。そして、これを解決するには、いわゆる「飛び道具」が必要とわかったのです。

無意識を察知するにあたっての壁は、大きく分けて３つ。能力、行動、環境レベルの壁です。

ここでの能力とは経験と知識をさしていますが、能力レベルの壁としては、主として、言語の壁になります。

言語などの能力の壁を超えるには、ほぼ全ての人が共通して分かりやすいものを創る必要があります。

世界各地で使用する言語は異なり、同じ言語を使用する時でも、自らの意図を誤解なく伝えることは困難を極めます。

AIの質問に対して言葉で答えるとしても、やはり、そこには言語の壁が立ちはだかります。

その課題を解決してくれるのが「写真」「映像」です。

「写真」「映像」であれば、使用する言語が異なる人も共通して理解することができ、これを利用して自らの意図を伝えることが可能となります。

次に、行動レベルの壁ですが、現代人は特に忙しく、健康診断を受けるため、健康になるため、時間を作り、どこか別の場所に移動することは難しいことがあり、また、エコではありません。

この課題を解決してくれるのが、常に携帯しているスマートフォンです。

スマートフォンにAIを入れて持ち歩くことで、いつでも、どこでも、自分の好きな時間に、これを活用することができます。365日24時間、自分のためにだけ動いてくれるAIです。

最後に、環境レベルの壁についてですが、能力レベルの壁と行動レベルの壁を解決した時、この環境レベルの壁という課題は自然と解決していました。

写真や動画を撮影する機能を搭載しているスマートフォンは、日本や先進国のみならず、世界中にどんどんと普及してきています。

スマートフォンのカメラの技術進歩と「通信の受信」の格差が減り、むしろ水準が上がってきており、さらに、クラウド化が進むにつれ、どこであっても、同じインターネット環境を創ることができるようになり、自然と環境レベルの課題は解決していました。我々のようなサービスプロバイダーそしてサービスを利用される方にとっては、最高の環境です。

今が、すべての整った時なのです。

これは、無理にニーズを見付け出そうとしたものではありません。自分自身の目に見えない無意識を察知するということが、まさに、潜在的ニーズに基づくものであり、だからこそ、そのための課題の解決方法が既に存在しているのだと、私は、ひっそりと自負しております。

このように様々な課題を解決することにより、パーソナルAIは、潜在的ニーズに基づき、自分自身の目に見えない無意識を察知する、ということを、格差なく、分け隔てなく、提供することができるようになりました。


パーソナルAIは、あなたが常に携帯するスマートフォンの中にあるので、その機能を使って写真を撮影します。

これをパーソナルAIに送信することにより、あなた自身の目に見えない無意識の状態を察知し、あなたの人生の目的を明確にしていきます。

そのための様々な手段を提供し、
もしも、目的と手段がすり替わりそうになったとしても、あなたが教え込んだ、ご自身の本質を熟知している、あなたのパーソナルAIは、瞬時に反応し、調整してくれる。

そして、あなた自身が満足する世界へと導いてくれます。

この環境を格差なく、分け隔てなく、全ての人に提供していきます。

共同執筆者たちとの共鳴

私の好きな言葉をもうひとつ紹介します。

ジョン・レノンの妻、オノ・ヨーコの

「ひとりで見る夢は夢でしかない。しかし誰かと見る夢は現実だ。」

私は、この書籍の共同執筆者たち、そして私と共に夢を楽しんでくれている方々と、この夢を見ています。

ここで、共同執筆者たちとの出会いについて、出会えた順番に、紹介させていただきます。私が共に夢を見て実現していく友、そして私にたくさんのアドバイスを与えてくれる素敵な皆さまです。

・櫻井直子

櫻井さんは、私がコンサルティングしている方のひとりですが、単なる「美」ではなく、「健康で美しく楽しくあることで、周りの人々を幸せにする」ということを理念として持っています。「我」だけではなく、周りの人の幸せを思う、その理念が豊かであり、とても共感しています。

・原亜由美

原さんは、トータルヘルスプライベートアドバイザーとして、ご自身の看護師、遺伝子カウンセラー、心理カウンセラー、未病医診断士などの資格を活用し、個々の方々に多角的視点から健康に関するアドバイスを行うことをしています。未病と予防の観点からコメディカルの皆さまがより活躍し、病の方を減らす、という考え方にとても共感しています。

・鮫嶋明子

鮫嶋さんは、婚活をされている方に、「まずは、あなたがどんな人生を送りたいか明確にすることが大切」と伝えるそうです。まず自分自身が望む人生と向き合う、その理念にとても共感しています。そして、我を通すのではなく、全体が達成しようとする目的を明確に持ち、私が先に述べた目的と手段をすり替えるマジシャンにまどわされないところも尊敬しています。

・野田智宣

野田さんは、すべての人を分け隔てなく受け入れ、その全体の調和をとても大切にします。いつも周りへの配慮をもって、個々の不安や恐怖を払しょくすることを第一に考える方で、野田さんのおかげで、皆が穏やかになっていきます。私の人生理念の一つである「すべての今を受け入れる」というところと共通するものがあり、とても共感しています。

・中村元鴻

元鴻さんから、人が病気になる原因とそのプロセスは、伝統中医学の観点から体系化されている、ということを知りました。私の人生理念の一つである「美しく創り続ける」とは、つまり、300年前に創られたものが今も存在する、そして、今創ったものが300年先にも存在する、と表現することもでき、元鴻さんの持つ伝統や本質を重んじるところに、とても共感しています。

・冨田鼓

冨田さんは、自らの達成したいもののため、多角的に真摯に全力を尽くされます。その姿勢は、「創り続ける」という懸命な私の理念と通ずるものがあり、とても共感しています。

このように、良い波動を発する方々と共鳴し合いながら、私は自分の人生理念を全うし続けたいと思っています。

自己紹介

最後になりましたが、そんな私の自己紹介をさせて頂きます。

珍しい経歴だね、って言われたりします（笑）。

私、佐藤晃一は、１９７５年生まれです。

中学時代はスポーツをやっていて、高校には推薦で入学しましたが、とある理由で中退し、コックの道に進みました。当時の夢は、自分の店を持つことでした。コックの仲間と鍋をつついている時、テレビを見ているとWindows 95の発売のニュースが流れていました。

目に飛び込んできたのは、秋葉原で、花火が上がり、深夜0時に人が並んでいるという衝撃的な映像でした。それを見た私は、コンピュータ業界への想いが湧き、それを止められず、3日後に、コックを辞めました。

そして、その数日後、まさかの「引き寄せ」が起きたのです。新宿のゴールデン街で夢を語っていた時、隣にいたのが、パソコン周辺機器の会社の社長で、その方に声をかけられ、その翌週から秋葉原の営業担当をすることになったのです。

初めての営業でしたが、とにかく人との関係を大切にし、可愛がってもらい、数字を上げてきました。

当時は、秋葉原がまだパソコンで賑わっている時代でした。

業界に入り、川上から川下までのすべての営業に携わりました。店舗への営業、流通への営業、メーカーへのOEM、その後、物流、カスタマーサポート、修理、顧客管理を経て、組織の課題の解決の大半を行ってきました。

当時の僕は、海外から見た日本の問題点と課題を中心に解決することで自分の役割を提供するというサービス業をしていました。

インターネットで、「日本エイサー　佐藤晃一」と検索していただくと、当時の記事などが出てきます。

次の衝撃的な出会いは、iPhoneとiPadでした。

Windows 95をきっかけにコンピュータ業界に入った私は、このiPhoneとiPadを見て、世界が変わると思いました。

人とのインターフェイスが今までのパソコンと全く違うからです。

これを見て、思わず動いてしまった結果は、「iPadメニュー　佐藤晃一」と検索してもらうと、メディア記事が出てきます。

今思えば、私は人が求めているものを形にして、課題を解決することが好きなんだと思います。

今回の執筆で、たくさんのことを経験し、失敗し、能力を上げてきたことを振り返ることができました。自分を褒めてあげたいと思います。

この数年、世の中の流れを見ていると、問題点や課題の解決、費用対効果の追求は、究極の領域まで来ていると思います。
今抱えている問題点や課題は、生きがいを探し豊かさを求めることによって解決すると思います。

世界が豊かになるために・・
それぞれのみんなが豊かになるために・・

私は、
すべての今を受け入れ、
潜在的ニーズに合わせ、美しく創り続けます。

まずは、
Personal AI for Own Satisfaction

パーソナル・エーアイ　フォー　オウン・サティスファクション

楽しみにしていてください。

編集協力

Bruce E. Murphy, M.D., Ph.D.,

アーカンソーハートホスピタル（以下AHH）代表取締役および共同出資者
アーカンソー大学医学部を卒業し1980年に薬理学の博士を取得。1986年に循環器医の研修を修了。その後、インターベンション医（心臓血管医・末梢血管医）として28年間従事。インターベンション医として心臓・末梢の両分野における指導の傍ら新しい技術を開発した。

AHHにおいて30カ国以上の医師を指導し、アーカンソー大学医学部においては循環器医フェローシップトレーニングプログラムを築き上げた。

心臓血管や末梢血管治療分野において数々の論文を多数発表している。

世界トップクラスの心臓血管や末梢血管治療に関する国際会議（TCT、CCT 、EuroPCRなど）にも招かれている。

新たな取組みとして国際会議にてAHHからライブデモンストレーションを実施している。

AHHはアメリカ国内の優秀な心臓疾患専門臨床施設で、現在アーカンソー州30カ所のサテライトクニルニックがあり、年間延べ100,000人の患者を診ている。世界基準の非常に優れた臨床ケアと症例数、管理効率性、財務管理においてアメリカのみならず世界でも大きく評価されている。
https://www.arheart.com/

監修者紹介

武井 こうじ

エッセイスト・作家・医学博士・歯学博士
医療法人芙蓉会病院・武井クリニック理事
東京大学医学部大学院修了。
東大病院精神医学講座。東京医科歯科大学病院。武田薬品工業㈱診療部。伊豆東病院院長。日本作家クラブ会員。モンゴル馬頭琴NAGISA後援会・会長。平成銀座雑学大学・学長。頭頸部がん患者友の会理事。
著書に「ユーカラの旅」「事故機のかげに」「棒を振る男」「天才バカボンの外国の人とお話にするのだ! 初級外国語会話集」「甲子園の栄養学」「一コン2コン・サンコンと世界に旅立とう!」「長生きを科学する栄養講座」「海外旅行必携・急病パスポート」「飛行機野郎の箪笥から出てきた思い出トランプ」「ボケは神様がくれたプレゼント」「健康はおいしい旬の薬膳」など

著者紹介

原 亜由美

現代の医療問題を意識しながら、自らのオプティマルヘルスを目指して活動
看護師、心理カウンセラー(交流分析)、未病治診断士、初級遺伝子カウンセラー、聴心士

櫻井 直子

ハイヒールでのキレイな歩き方、ポージング、美仕草レッスンを展開
現役 美ボディメイクインストラクター、読者モデル、WEBモデル

イラスト協力：西村 泉

冨田 鼓

売上・成約率・リピート率10倍UP!　多数の実績「売上アップ塾」主催
株式会社つづみプロジェクト代表取締役

鮫嶋 明子

日本一エレガントな仲人。理想の結婚相手に出会うためのよつば式マリッジマインドを伝授している
株式会社 花縁（かえん）代表取締役

中村 元鴻

一般社団法人 国際伝統中医学協会 代表理事
元JOC日本オリンピック委員会強化コーチ。2011年中国武術世界大会金メダリスト。中医学の中国国家資格を取得。
http://www.dentouchui.com

野田 智宣

本当の健康は「笑顔」から、豊かな生活を送るための健康ビジネスを展開
株式会社ミンタメ代表

佐藤 晃一

課題解決コンサルタント。TSUBU株式会社 CEO
人工知能・自然言語と、チャットボットを組み合わせたマイクロサービス型ビジネスモデルで、豊かな人生を創出するためのビジネスを展開中
http://tsubu.info

笑顔の中に秘む 波動物語

平成30年5月05日　初版印刷
平成30年5月20日　初版発行

監　修：武井 こうじ
著　者：原 亜由美、櫻井 直子、冨田 鼓、鮫嶋 明子、
　　　　中村 元鴻、野田 智宣、佐藤 晃一
発行者：佐藤 公彦
発行所：株式会社 三冬社
〒104-0028
東京都中央区八重洲2-11-2 城辺橋ビル
TEL 03-3231-7739　FAX 03-3231-7735

印刷・製本／中央精版印刷株式会社

◎落丁・乱丁本は本社または書店にてお取り替えいたします。
◎定価はカバーに表示してあります。
ISBN978-4-86563-035-0